Office 2000

Manon Cassade

CAMPUSPRESS
FRANCE

Publié par CampusPress France

19, rue Michel Le Comte

75003 PARIS

Tél : 01 44 54 51 10

Mise en pages : Andassa

ISBN : 2-7440-0688-2

Auteur : Manon Cassade

Table des matières

Introduction

La version 2000 d'Office apporte son lot de nouveautés et d'amé liorations. Parmi les plus importantes, citons une plus grande sta bilité, une meilleure adéquation avec l'utilisateur (l'environnement s'adapte en fonction de votre travail), une intégration accrue de l'Internet, avec de nouvelles fonctionnalités pour publier sur le Web, naviguer, etc.

Cet ouvrage permet de se familiariser avec Office 2000 et de découvrir toutes les nouveautés énoncées ci-dessus. Que vous soyez un profane ou un utilisateur averti, ce livre est fait pour vous, car il explique toutes les procédures proposées par Microsoft pour travailler rapidement et aisément. Il vous propose aussi toutes les astuces et autres trucs pour une meilleure efficacité.

Comment utiliser ce livre ?

Les chapitres étant indépendants les uns des autres, vous pouvez les lire dans l'ordre qui vous convient. Pour trouver rapidement une commande, consultez l'index situé en fin d'ouvrage. Il vous permettra une navigation plus rapide. Cet ouvrage s'articule de la façon suivante :

- La première partie (Chapitres 1 et 2) est une introduction rapide à Office 2000. Vous découvrirez les différents éléments de l'interface ainsi que les commandes communes à tous les logiciels : ouvrir un fichier, enregistrer, etc.

- La deuxième partie (Chapitres 3 et 4) enseigne l'utilisation des fonctionnalités indispensables de Word.
- La troisième partie (Chapitres 5 et 6) explique comment devenir le roi du calcul avec Excel.
- La quatrième partie (Chapitres 7 et 8) est consacrée à la création de présentations avec PowerPoint.
- La cinquième partie (Chapitres 9 et 10) traite d'Outlook.
- La sixième partie (Chapitres 11 et 12) fera de vous un maquettiste hors pair grâce à Publisher.

CONVENTIONS ADOPTÉES

Il faut savoir que toutes les commandes apparaissent en gras. Tout au long du texte, de nombreux encadrés attirent votre attention sur un point de terminologie, un détail technique, ou bien indiquent des raccourcis ou des conseils d'utilisation. Vous rencontrerez trois types d'encadrés :

Ces rubriques proposent un supplément d'information en relation avec le sujet traité.

Ces rubriques avertissent des risques inhérents à telle ou telle manipulation et indiquent, le cas échéant, comment éviter le piège.

Ces rubriques donnent des trucs pour travailler plus vite.

Le pictogramme en marge de ce paragraphe signale les nouveautés d'Office 2000.

Heure 1

Aide, vérification et outils pour le Web

AU SOMMAIRE DE CETTE HEURE

- Compagnon Office : efficace et attentionné
- Aide
- Assistants et modèles
- Vérification de l'orthographe et de la grammaire
- Recherche et remplacement
- Office 2000 et le Web

Au cours de cette première heure, nous allons étudier les différentes procédures pour obtenir de l'aide. Nous verrons ensuite tous les outils qui permettent d'accélérer le travail, de vérifier l'orthographe, la grammaire, etc. Vous trouverez en fin de chapitre un descriptif de toutes les fonctionnalités Internet incluses dans Office 2000.

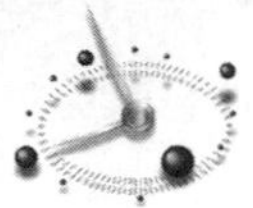

Toutes les fonctions que vous allez découvrir dans ce chapitre sont communes à toutes les applications d'Office.

Compagnon Office : efficace et attentionné

Depuis la version 97 d'Office, le Compagnon Office vous accompagne dans toutes vos réalisations. Si vous ne connaissez pas la version 97, le Compagnon Office est un petit trombone qui s'agite bruyamment pour vous prodiguer un conseil dès que vous en avez besoin. Compagnon fidèle, efficace et érudit, il ne vous abandonne jamais.

Lorsque vous lancez une application Office, le Compagnon Office est actif par défaut (voir Figure 1.1).

Si, au lancement de l'application, le Compagnon Office n'apparaît pas, cliquez sur le bouton ***Aide sur Microsoft Nom du logiciel*** *dans la barre d'outils Standard de l'application active.*

Pour poser une question au Compagnon Office, cliquez dessus. Saisissez la question dans la zone de texte (voir Figure 1.2), puis cliquez sur **Rechercher**. Une liste de rubriques s'affiche : cliquez sur celle qui correspond à votre recherche. Si la liste des rubriques est importante, cliquez sur **Suivant** pour en afficher la suite.

Au cours de certaines tâches, le Compagnon Office peut proposer spontanément son aide. Il affiche alors une ampoule. Cliquez dessus pour lire son conseil.

Pour masquer le Compagnon Office, cliquez sur ? (point d'interrogation) dans la barre de menus, puis sélectionnez **Masquer le Compagnon Office**.

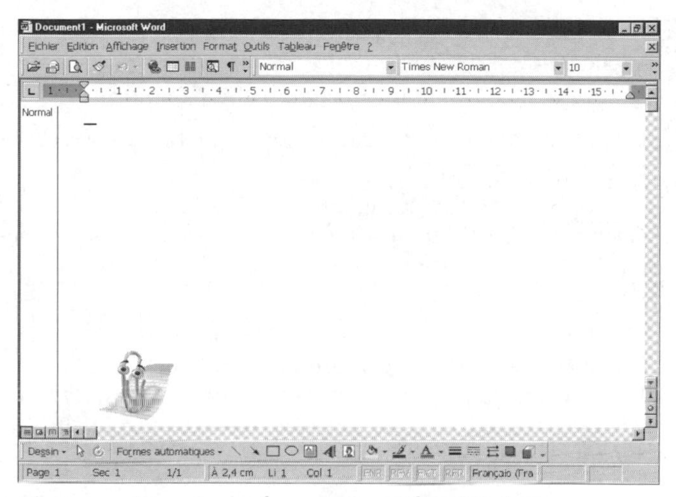

Figure 1.1 : Dès que vous lancez une application, le Compagnon Office s'affiche.

What would you like to do?
Ajout de texte à un dessin ou à une image
Résolution des problèmes liés à l'alignement et à la réorganisation du texte et des dessins
dessins
Partage d'informations dans Word
Troubleshoot e-mailing messages and documents
Suivant...
Comment mettre en forme les caractères ?
Options
Rechercher

Figure 1.2 : Posez une question au Compagnon Office.

Options du Compagnon Office

Vous pouvez modifier les options par défaut du Compagnon Office, par exemple lui choisir une autre physionomie :

1. Cliquez du bouton droit sur le Compagnon, puis sélectionnez **Choisir un compagnon**.
2. Cliquez sur l'onglet **Présentation**. Faites défiler les choix de Compagnon en cliquant sur le bouton **Suivant** ou sur le bouton **Précédent**. La zone d'aperçu affiche la "tête" du compagnon sélectionné.
3. Une fois le choix défini, cliquez sur **OK** pour valider.

Pour modifier les options du Compagnon Office, cliquez sur l'onglet **Options** dans la boîte de dialogue Compagnon Office (voir Figure 1.3). Activez/désactivez les options qui vous intéressent ou non. Cliquez sur **OK** pour valider.

Compagnon Office
Présentation | Options
☑ Utiliser le Compagnon Office
☑ Réagir à la touche F1
☑ Aide sur les assistants
☑ Afficher les avertissements
☐ Aide sur le produit et la programmation
☑ Déplacer la fenêtre si elle gêne
☑ Deviner la rubrique appropriée
☑ Sons
Afficher les astuces sur
☑ Utilisation efficace du logiciel
☑ Utilisation efficace de la souris
☐ Raccourcis clavier
☐ Uniquement astuces importantes
☐ Astuce du jour au démarrage
Réinitialiser les astuces
OK | Annuler

Figure 1.3 : L'onglet Options de la boîte de dialogue Compagnon Office permet de définir les options de celui-ci.

Les options que vous définissez pour le Compagnon Office, ainsi que sa physionomie, sont actives dans tous les logiciels Office.

AIDE

Si vous avez choisi de désactiver le Compagnon Office, vous devez utiliser les rubriques d'aide et/ou l'aide contextuelle pour obtenir de l'aide.

Aide contextuelle

L'aide contextuelle est une aide qui s'adapte au contexte dans lequel vous travaillez ; vous pouvez ainsi obtenir une aide sur une commande, un bouton, etc.

Pour obtenir une aide contextuelle, cliquez sur le ? (point d'interrogation) dans la barre de menus et sélectionnez **Qu'est-ce que c'est ?** Le pointeur se transforme alors en point d'interrogation. Cliquez sur le bouton ou la commande pour lesquels vous souhaitez de l'aide. Une info-bulle s'affiche, qui décrit la commande ou le bouton (voir Figure 1.4).

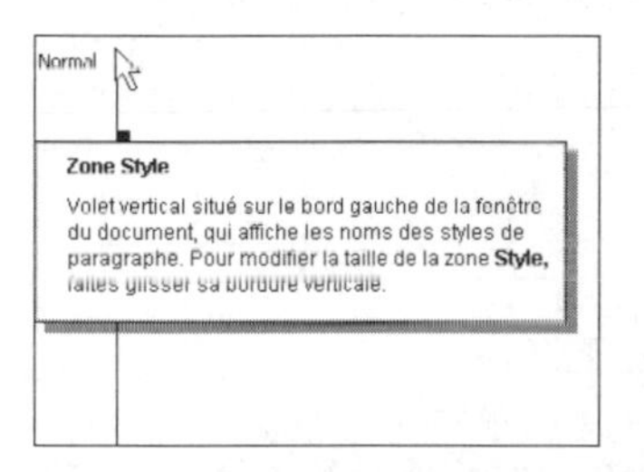

Figure 1.4 : L'info-bulle décrit la commande sur laquelle vous avez cliqué.

Pour obtenir une aide contextuelle dans une boîte de dialogue, cliquez sur le ? (point d'interrogation) dans la boîte de dialogue, puis sur le bouton ou la commande pour lesquels vous souhaitez de l'aide.

Rubriques d'aide

Pour ouvrir le sommaire de l'aide, cliquez sur le ? (point d'interrogation) dans la barre de menus, puis sélectionnez **Aide sur**

Nom du logiciel. Une fenêtre s'ouvre dans la partie droite de l'écran. Sachez que :

- **L'onglet Sommaire.** Affiche une liste de thèmes. Double-cliquez sur un thème pour l'afficher.
  - Un livre fermé à côté d'un thème indique qu'il contient une liste de rubriques détaillées. Double-cliquez dessus pour ouvrir la liste.
  - Un livre ouvert à côté d'un thème indique qu'il est sélectionné. Double-cliquez dessus pour fermer le thème.
  - Un point d'interrogation en regard d'une rubrique indique qu'il existe un texte détaillé la concernant. Pour l'ouvrir, double-cliquez sur le point d'interrogation ou sur le libellé de la rubrique.
- **L'onglet Index.** Permet de rechercher une rubrique à partir du nom de la commande. Dans la zone **Tapez des mots clés**, saisissez le texte correspondant à la commande recherchée. La zone 3 affiche une liste de rubriques en relation avec le texte saisi. Pour afficher la rubrique qui correspond à votre recherche, cliquez dessus dans la **zone 3** : son contenu s'affiche dans le volet droit de la fenêtre.
- **L'onglet Rechercher.** Permet d'affiner la recherche d'aide. Saisissez un mot correspondant à ce que vous recherchez dans la zone **Qu'aimeriez-vous faire ?** Le résultat de la recherche s'affiche dans la zone **Sélectionnez une rubrique à afficher**. Double-cliquez sur la rubrique de votre choix dans la seconde zone.

*Pour imprimer une rubrique d'aide, affichez-la, puis cliquez sur **Imprimer** dans la barre d'outils.*

Assistants et modèles

Office 2000 met à votre disposition, et ce dans chaque application, un certain nombre d'assistants et de modèles que vous pouvez utiliser pour accélérer la réalisation de vos différents travaux.

Modèles proposés

Un modèle (extension .dot) est un document prédéfini dans lequel vous n'avez plus qu'à insérer votre texte.

Pour sélectionner un modèle, cliquez sur **Fichier**, **Nouveau** (voir Figure 1.5). Les différents onglets de la boîte de dialogue Nouveau proposent plusieurs modèles. Cliquez sur l'onglet correspondant à votre recherche, puis double-cliquez sur le modèle que vous souhaitez utiliser.

Figure 1.5 : Les onglets de la boîte de dialogue Nouveau permettent de choisir un modèle.

*Vous pouvez également accéder au choix des modèles en cliquant sur le bouton **Nouveau document Office** dans la barre de raccourcis du Gestionnaire Office.*

Pour travailler dans un modèle (voir Figure 1.6), il suffit la plupart du temps de modifier les différentes zones de texte. Par exemple, dans le texte **Cliquer ici et tapez le nom**, cliquez, puis

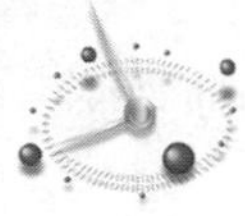

saisissez le nom voulu. Avant d'imprimer le modèle, vous n'avez qu'à réaliser la totalité des instructions proposées. Bien sûr, les zones d'instruction ne s'impriment pas.

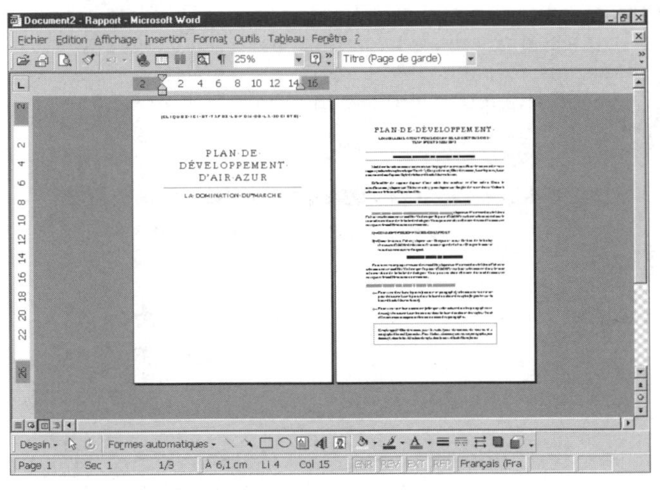

Figure 1.6 : Le modèle Rapport permet de créer rapidement un rapport explicite, élégant et concis.

Assistants

Un Assistant est une succession de boîtes de dialogue dans lesquelles vous définissez des choix correspondant à l'élaboration d'un document personnel.

Pour sélectionner un Assistant, cliquez sur **Fichier**, **Nouveau**. Les différents onglets de la boîte de dialogue Nouveau proposent plusieurs Assistants. Cliquez sur l'onglet correspondant à votre recherche, puis double-cliquez sur l'Assistant que vous souhaitez utiliser. Après avoir complété la première étape, cliquez sur le bouton **Suivant** pour passer à la deuxième, et ainsi de suite. Suivez les différentes procédures, puis cliquez sur le bouton **Terminer** lorsque vous avez terminé. Vous avez fait une erreur ou vous souhaitez modifier l'un de vos choix ? Pas de panique : cliquez

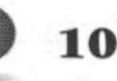

sur le bouton **Précédent** pour revenir aux étapes déjà renseignées et modifier votre choix. Une fois les procédures terminées, le document s'affiche à l'écran. Vous pouvez, bien sûr, effectuer des mises en forme personnalisées en suivant les procédures incluses dans les premières heures de chaque partie.

*Lorsque, dans un Assistant, vous avez cliqué sur le bouton **Terminer**, vous ne pouvez plus revenir en arrière.*

Création d'un modèle

Bien que le nombre de modèles proposés soit fort important, il se peut que vous ne trouviez pas exactement ce que vous cherchez. Une seule solution : créez-le !

Pour créer un modèle :

1. Dans l'application, cliquez sur **Fichier**, **Nouveau**. Dans la zone Créer un nouveau (au-dessous de la zone Aperçu), activez l'option **Modèle** et cliquez sur **OK**.
2. Créez le modèle document, définissez les marges souhaitées, les styles, etc. Lorsque vous avez terminé, cliquez sur **Fichier**, **Enregistrer sous**. Vous pouvez aussi cliquer sur l'icône **Enregistrer** dans la barre d'outils Standard.
3. Dans la boîte de dialogue qui s'affiche, saisissez le nom de votre modèle dans la zone Nom, puis cliquez sur **Enregistrer** (voir Figure 1.7).

L'application ajoute le modèle créé à ceux déjà existants. Par la suite, lorsque vous souhaiterez l'utiliser, il suffira de le sélectionner dans la boîte de dialogue Nouveau.

*Lorsque vous enregistrez un modèle dans la boîte de dialogue Enregistrer sous, veillez bien à ce que la zone Type de fichier affiche Modèle de document. Dans le cas contraire, cliquez sur le bouton **Dossier parent** (symbole dossier avec flèche remontante), puis sélectionnez-le.*

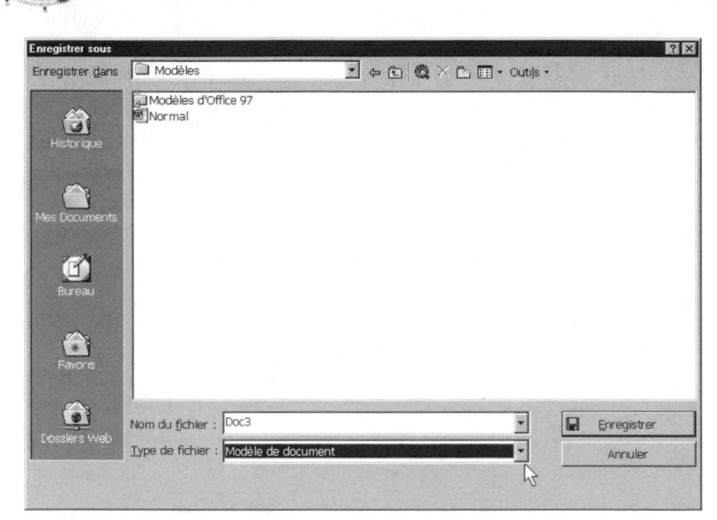

Figure 1.7 : Enregistrez le modèle que vous venez de créer.

VÉRIFICATION DE L'ORTHOGRAPHE ET DE LA GRAMMAIRE

Office 2000 permet de vérifier automatiquement l'orthographe et la grammaire des documents, des présentations, des feuilles de calcul, etc.

Vérification automatique de l'orthographe

Vous pouvez demander à l'application dans laquelle vous travaillez de vous signaler d'éventuelles fautes d'orthographe. Cliquez sur **Outils**, **Options**, puis cliquez sur l'onglet **Grammaire et orthographe** et activez l'option **Vérifier l'orthographe en cours de frappe** (voir Figure 1.8). Cliquez sur **OK** pour valider.

Une fois cette option activée, tout ce que le logiciel considérera comme une faute sera souligné d'un trait ondulé rouge (voir Figure 1.9).

Figure 1.8 : Activez la vérification automatique de l'orthographe.

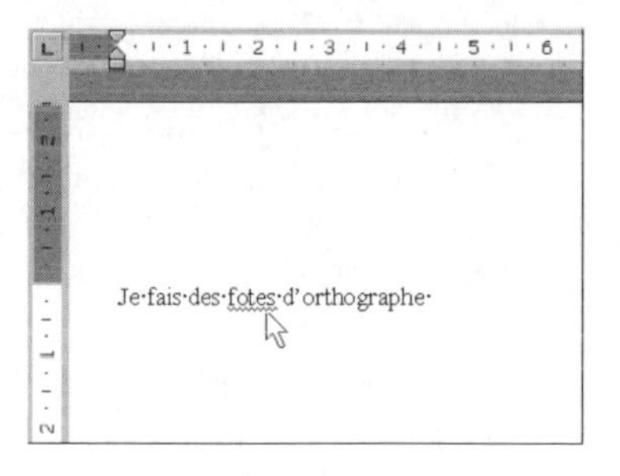

Figure 1.9 : Les fautes d'orthographe sont soulignées d'un trait ondulé rouge.

Pour corriger les fautes d'orthographe, cliquez du bouton droit sur le mot souligné, puis sélectionnez une option dans le menu contextuel.

- Pour sélectionner un mot en correction, cliquez dessus.
- Pour ajouter ce mot au dictionnaire orthographique d'Office, cliquez sur **Ajouter**.
- Pour ignorer cette faute et qu'elle ne soit plus signalée dans le document, cliquez sur **Ignorer toujours**.
- Pour choisir une autre langue (voir la rubrique Activer une langue), sélectionnez **Langue**, **Nom de la langue**.

Si vous avez choisi de ne pas activer la vérification automatique de l'orthographe et de la grammaire, vous pouvez tout de même vérifier les documents grâce à l'option ***Grammaire et orthographe*** *du menu* ***Outils****. Tout mot mal orthographié apparaît en surbrillance ; à vous d'y apporter la correction.*

Vérification automatique de la grammaire

Vous pouvez demander à l'application dans laquelle vous travaillez de signaler les éventuelles fautes de grammaire. Cliquez sur **Outils**, **Options**, puis cliquez sur l'onglet **Grammaire et orthographe** et activez l'option **Vérifier la grammaire au cours de la frappe**. Cliquez sur **OK** pour valider.

Une fois cette option activée, tout ce que le logiciel considérera comme une faute sera souligné d'un trait ondulé vert.

Pour corriger les fautes de grammaire, suivez la même procédure que pour la correction orthographique.

Activer une langue

2000

Dans la version 2000 Office, par défaut, le français, l'anglais et l'allemand sont reconnus par les correcteurs orthographiques. De ce fait, lorsque vous souhaitez corriger un texte écrit, par exemple, en anglais, tous les mots ne seront pas soulignés en tant que fautes comme ils l'étaient auparavant. Seules les véritables fautes seront détectées et le menu contextuel de correction proposera la bonne orthographe.

Vous pouvez activer d'autres langues. Dans toutes les applications Office, cliquez sur **Outils**, **Langue**, **Langue** (voir Figure 1.10). Sélectionnez la langue à ajouter dans la liste et cliquez sur **OK**.

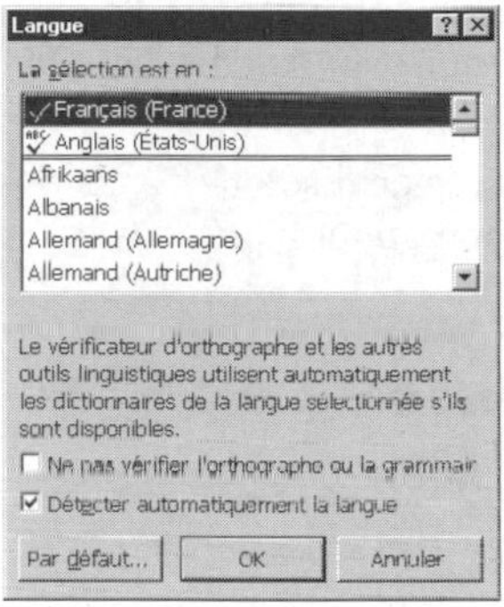

Figure 1.10 : Activez d'autres langues.

Correction automatique

Lorsque vous commencerez à travailler dans une application, par exemple Word, vous remarquerez que, lors de la saisie d'un texte, certains mots mal orthographiés sont immédiatement corrigés. Par exemple, si vous avez tapé le mot "recomandé", il est automatiquement remplacé par "recommandé". De plus, si vous oubliez de mettre une majuscule au début d'une phrase, elle s'affiche d'elle-même. Cette fonction correspond à la correction automatique. Une liste de mots a été créée dans toutes les applications, qui indique à ces dernières comment doivent être orthographiés un certain nombre de termes.

*Si cette option n'est pas activée, cliquez sur **Outils, Correction automatique.** Dans l'onglet Correction automatique, activez/désactivez les options désirées, puis cliquez sur **OK**.*

La liste des mots mal orthographiés avec leurs mots corrigés n'est pas fixe : vous pouvez parfaitement ajouter vos propres corrections.

Pour enrichir la fonction de correction automatique :

1. Cliquez sur **Outils**, **Correction automatique** (voir Figure 1.11).
2. Saisissez le mot mal orthographié dans la zone Remplacer. Tapez sur la touche **TAB** pour passer dans la zone Par, puis saisissez le mot de correction. Cliquez sur **Ajouter** pour valider cette création.
3. Cliquez sur **OK** pour fermer la boîte de dialogue. Vous pouvez créer autant de corrections automatiques que vous le souhaitez.

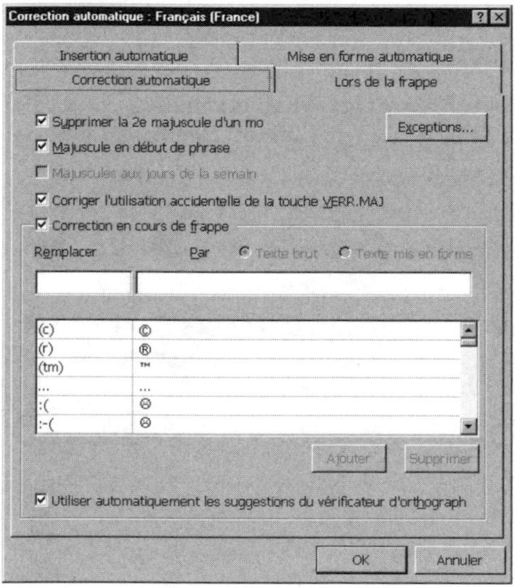

Correction automatique : Français (France)
Insertion automatique
Mise en forme automatique
Correction automatique
Lors de la frappe
Supprimer la 2e majuscule d'un mo
Exceptions...
Majuscule en début de phrase
Majuscules aux jours de la semain
Corriger l'utilisation accidentelle de la touche VERR.MAJ
Correction en cours de frappe
Remplacer
Par
Texte brut
Texte mis en forme
(c) ©
(r) ®
(tm) ™
... …
:(☹
:-(☹
Ajouter
Supprimer
Utiliser automatiquement les suggestions du vérificateur d'orthograph
OK
Annuler

Figure 1.11 : La boîte de dialogue Correction automatique permet de définir les paramètres de la correction.

Pour supprimer une correction automatique, ouvrez la boîte de dialogue Correction automatique comme indiqué ci-dessus, sélectionnez le mot à supprimer dans la liste, puis cliquez sur le bouton **Supprimer**. Cliquez ensuite sur **OK**.

*Le bouton **Exceptions** dans la boîte de dialogue Correction automatique permet de définir des exceptions pour certaines des corrections.*

RECHERCHE ET REMPLACEMENT

Il peut arriver à chacun de nous de mal orthographier un mot du début à la fin d'un document. Ce n'est pas très difficile à corriger si le document tient sur quelques lignes, mais lorsqu'il possède des dizaines de pages... Office propose une solution à ce type de problème : les fonctions Rechercher et remplacer. La première permet de rechercher dans tout le document le mot que vous lui indiquez, la seconde remplace le mot recherché par un autre.

Pour rechercher et remplacer un mot ou un groupe de mots :

1. Placez-vous au début du document en appuyant sur les touches **Ctrl+Home** ou **Origine**.
2. Cliquez sur **Edition**, **Rechercher**, puis cliquez sur l'onglet **Remplacer** (voir Figure 1.12).

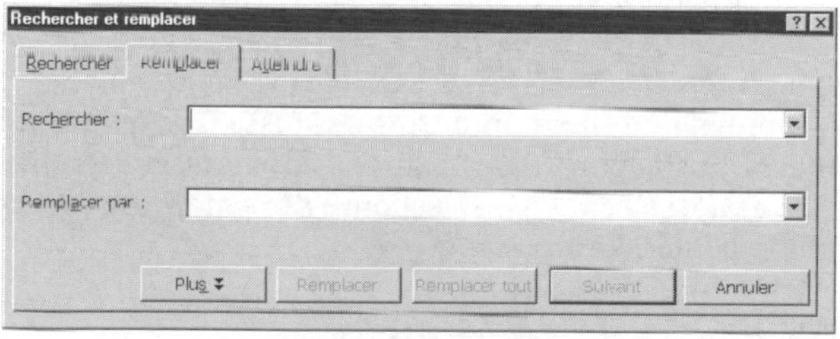

Figure 1.12 : Remplacez rapidement du texte grâce à la commande Rechercher et remplacer.

3. Saisissez le mot ou le groupe de mots que vous souhaitez remplacer dans la zone de texte Rechercher. Saisissez le mot ou le groupe de mots de remplacement dans la zone de texte Remplacer par. Vous pouvez affiner le remplacement en cli-

quant sur le bouton **Plus**. Pour lancer la recherche, cliquez sur le bouton **Suivant**.

La première occurrence recherchée s'affiche en surbrillance.

4. Cliquez sur l'un des boutons proposés en sachant que :
   - **Suivant.** Passe à l'occurrence suivante et ignore celle sélectionnée.
   - **Remplacer.** Remplace cette occurrence, puis passe à la suivante.
   - **Remplacer tout.** Remplace toutes les occurrences du texte recherché par le texte de remplacement.
   - **Annuler.** Interrompt la recherche des occurrences.

Recherche de synonymes

A la relecture d'un document, on s'aperçoit souvent qu'un même mot revient trop fréquemment. Mieux vaut alors lui trouver un synonyme.

Pour rechercher le synonyme d'un mot, sélectionnez le mot concerné, puis cliquez sur **Outils**, **Langue**. Dans le menu en cascade, sélectionnez **Dictionnaire des synonymes**. Vous pouvez aussi taper sur les touches **Maj+F7**. Dans la zone Remplacer par apparaît une liste de mots ou d'expressions proposés comme synonymes. Dans la zone Significations apparaissent les différents sens du mot sélectionné. Sélectionnez le synonyme voulu et cliquez sur le bouton **Remplacer**.

Office 2000 et le Web

Inutile de nous lancer dans une explication concernant l'utilisation et l'utilité du Web, de nombreux ouvrages s'en sont déjà chargés (voir *Minidoc Internet* ou *Internet Comment faire*, aux Editions CampusPress).

Office 2000 contient Internet Explorer 5, un navigateur du Web. Lorsque vous avez installé Office, ce navigateur a été installé lui aussi. Si vous êtes équipé d'un modem et d'une connexion à

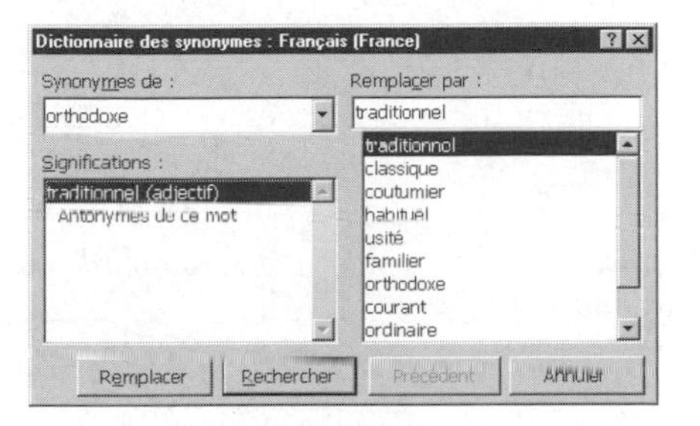

Figure 1.13 : Recherchez un synonyme pour parfaire le document.

Internet, vous pouvez vous connecter directement au Web à partir d'Office.

Navigation sur le Web à partir d'Office

Si vous possédez une connexion à un provider et utilisez Microsoft Internet Explorer comme navigateur, vous pouvez ouvrir directement des pages Web à partir des applications Office en utilisant la barre d'outils Web. Pour afficher cette barre d'outils, cliquez du bouton droit sur l'une des barres d'outils actives, puis cliquez sur **Web** (voir Figure 1.14). Utilisez ensuite les différents boutons pour réaliser ce que vous souhaitez faire.

Figure 1.14 : La barre d'outils Web.

Pour accéder à un groupe de discussion à partir d'une des applications Office, cliquez sur **Outils**, **Collaboration en ligne**, **Discussions sur le Web**. Sélectionnez le serveur de news de votre choix et connectez-vous.

Ouverture de documents dans Internet Explorer

Désormais, la compatibilité des fonctions Office et d'Internet Explorer 5 permet, une fois qu'un document a été transcrit au for-

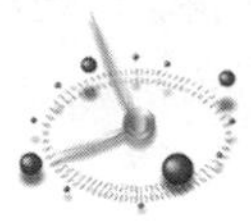

mat HTML, de récupérer toutes les données dans le navigateur. Ainsi, la complexité de tableaux croisés dynamiques ne posera aucun problème au navigateur : il conservera les qualités d'origine du document !

Reportez-vous à la deuxième heure pour tout savoir sur l'enregistrement d'un document au format HTML.

Pour ouvrir un document dans Internet Explorer, une fois qu'il a été enregistré au format HTML, cliquez sur **Fichier**, **Ouvrir**. Sélectionnez un fichier, puis cliquez sur **Ouvrir**.

Aperçu Web

Une fois qu'un document ou une présentation a été enregistré au format HTML, vous pouvez le visualiser dans un aperçu Web, histoire de voir précisément l'aspect qu'aura votre document lorsqu'il sera publié sur le Web.

Pour afficher l'aperçu Web d'un document ou d'une présentation, cliquez sur **Fichier**, **Aperçu de la page Web**.

Réunion en ligne

Pour effectuer une réunion en ligne à partir de l'une des applications Office, connectez-vous à Internet. Ensuite, cliquez sur **Outils**, **Collaboration en ligne**, **Réunion maintenant**. Sélectionnez le service d'annuaire dans l'option du même nom. Netmeeting est lancé, vous pouvez commencer à converser.

Messagerie électronique à partir d'une application

Vous pouvez maintenant envoyer un document par la messagerie électronique, et ce à partir de n'importe quelle application Office. Utilisez le bouton **Message électronique**, accessible à partir de la barre d'outils Standard de toutes les applications. Une fois cette commande activée, la boîte de rédaction d'un message s'affiche (voir Partie V, Chapitres 9 et 10 de cet ouvrage). Renseignez les différentes options, puis envoyez le message.

Création de liens hypertexte

Une page Web n'est pas complète si elle ne contient pas quelques liens hypertexte. Un lien hypertexte permet d'expédier le visiteur, à partir d'un simple clic, vers une autre partie de la page ou vers une autre page du site. Toutes les applications Office 2000 proposent une icône permettant d'insérer rapidement des liens hypertexte vers d'autres documents, fichiers ou pages.

Pour transformer rapidement un texte normal en lien hypertexte :

1. Sélectionnez le texte, puis cliquez sur le bouton **Insérer un lien hypertexte** dans la barre d'outils Standard (voir Figure 1.15).
2. Vous devez spécifier l'adresse URL de la page vers laquelle doit pointer ce lien. Tapez le nom du lien hypertexte dans l'option **Taper le nom...**, ou sélectionnez l'adresse dans la liste, ou encore cliquez sur le bouton **Fichier**, puis sélectionnez celui vers lequel doit pointer le lien hypertexte. Cliquez sur **OK**.

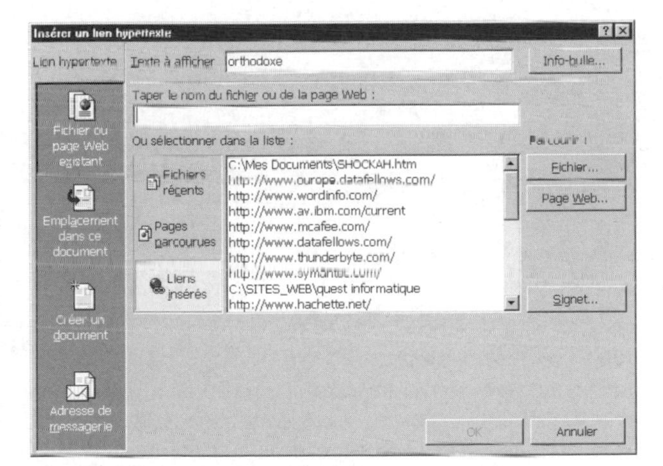

Figure 1.15 : La boîte de dialogue Lien hypertexte.

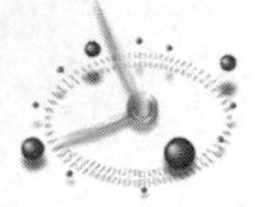

2000

Une bonne note à PowerPoint. Sa version 2000 permet de créer automatiquement un cadre de sommaire dans la partie gauche du site. Après avoir affiché la présentation dans le navigateur, il suffit de cliquer sur l'un des points du sommaire pour afficher directement son contenu dans le cadre de droite (voir Partie IV, Chapitres 7 et 8).

Heure 2

Commandes communes

Au sommaire de cette heure

- Annulation/rétablissement d'une action
- Lancer/quitter une application
- Eléments de l'interface
- Sauvegarde des données
- Copier, couper, coller et déplacer
- Presse-papiers
- Insertion de texte stylé
- Reproduire une mise en forme

Nous allons découvrir dans cette deuxième heure toutes les fonctions et commandes communes aux applications Office.

ANNULATION/RÉTABLISSEMENT D'UNE ACTION

Vous pouvez annuler ou rétablir une action que vous venez d'effectuer. Ces fonctions ressemblent à une gomme dans le cas de l'annulation, à un recollage dans le cas du rétablissement : elles permettent de supprimer ou de rétablir rapidement l'action d'une commande.

Cliquer sur ce bouton annule la dernière action. Si vous souhaitez annuler plusieurs actions, cliquez sur la petite flèche et sélectionnez tout ce que vous souhaitez annuler. Vous pouvez aussi cliquer sur **Edition**, **Annuler nom de l'action**.

Cliquez sur ce bouton pour rétablir la dernière action que vous venez d'annuler. Si vous souhaitez refaire plusieurs actions, cliquez sur la petite flèche et sélectionnez tout ce que vous souhaitez rétablir. Vous pouvez aussi cliquer sur **Edition**, **Répéter nom de l'action**.

Si vous souhaitez répéter une dernière action, appuyez sur la touche ***F4***.

LANCER/QUITTER UNE APPLICATION

Lorsque vous avez installé Office, les noms des différentes applications se sont placés dans le menu Démarrer, Programmes du bureau.

Lancer une application

Pour lancer une application, cliquez sur **Démarrer**, **Programmes**, **Nom de l'application** (voir Figure 2.1). Vous pouvez aussi ouvrir une application en cliquant sur le bouton qui lui correspond dans le Gestionnaire Office.

L'autre solution consiste à placer des icônes de raccourci sur votre bureau Windows. Cette fonction est intéressante pour les applications que vous utilisez souvent, car il vous suffira de double-cliquer sur cette icône pour lancer rapidement le programme.

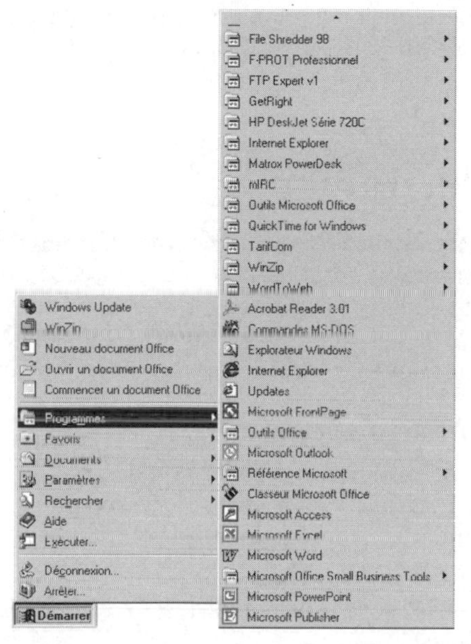

Figure 2.1 : Lancez l'application désirée à partir de la commande Démarrer, Programmes.

Pour créer une icône de raccourci de programme, cliquez sur **Démarrer**, **Programmes**. Cliquez du bouton droit sur le logiciel de votre choix, puis tout en maintenant le bouton enfoncé, faites-le glisser sur le Bureau. Dans le menu contextuel qui s'affiche, sélectionnez **Créer un ou des raccourci(s) ici**.

Quitter une application

Pour fermer un programme, plusieurs solutions s'offrent à vous :

- Cliquez sur **Fichier**, **Quitter**. Si un fichier est ouvert, on vous demandera si vous souhaitez ou non enregistrer. Cliquez sur **Oui** ou **Non**.

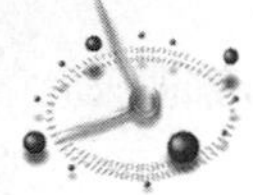

- Cliquez sur la case **système**, en haut et à gauche dans l'écran, qui affiche le symbole du logiciel, puis cliquez sur **X Fermeture**.
- Tapez sur les touches **Alt+F4**.

ELÉMENTS DE L'INTERFACE

Tous les éléments présentés dans cette rubrique sont communs à tous les logiciels fonctionnant sous Windows 95 et 98. Nous n'avons pas pour vocation de vous indiquer ici les procédures d'utilisation du système d'exploitation, mais nous estimons indispensable de vous apprendre quelques principes fondamentaux.

Barre de menus

La barre de menus est située au-dessous de la barre de titre. Chaque menu (Fichier, Affichage, etc.) ouvre une liste déroulante qui propose plusieurs commandes (voir Figure 2.2). Les menus respectent un certain nombre de principes :

- Les commandes en grisé sont indisponibles, les commandes en noir sont accessibles.
- Une pointe de flèche apparaissant en regard d'une commande indique que celle-ci propose un sous-menu.
- Trois points de suspension à la suite d'une commande indiquent que celle-ci propose une boîte de dialogue qui permet de sélectionner certaines options, de définir certains choix, etc.
- Un bouton placé devant une commande précise que celle-ci est proposée sous forme de raccourci dans l'une des barres d'outils.
- Une combinaison de touches, comme Ctrl ou Alt suivie d'une lettre, s'affichant en regard d'une commande, stipule que celle-ci possède un raccourci clavier. En tapant sur ces touches, vous déclenchez automatiquement la commande ou l'ouverture de la boîte de dialogue lui correspondant (par exemple, avec les touches **Ctrl+P**, vous ouvrez la boîte de dialogue Impression).

Fichier Edition Affichage Insertion Format Outils Tableau Fenêtre ?

Figure 2.2 : La barre de menus de Word.

Afin de vous faciliter la tâche, la version 2000 permet une personnalisation automatique des menus. Ainsi, au fur et à mesure de votre travail, les menus s'adaptent à vos choix et n'affichent que ce que vous utilisez. Pour visualiser la totalité d'un menu, il suffit de cliquer sur les deux têtes de flèche, en bas du menu, ou bien de double-cliquer sur le nom du menu (par exemple, double-cliquez sur **Fichier** pour voir le menu par défaut).

Boîtes de dialogue

Aux boîtes de dialogue Ouvrir et Enregistrer a été ajouté la barre Emplacement ressemblant en tout point à celle d'Outlook. Elle permet un accès rapide aux dossiers et aux documents le plus souvent utilisés. D'autre part, les boîtes de dialogue ont été agrandies pour une meilleure visualisation. Enfin, certaines boîtes de dialogue proposent un bouton qui permet de revenir rapidement aux dossiers ou fichiers récemment utilisés. Ce bouton est facilement reconnaissable : il est représenté par une flèche dirigée vers la gauche.

Le bouton Précédent est le même que celui utilisé dans les navigateurs Internet.

Barres d'outils

Situées au-dessous de la barre de menus, les barres d'outils permettent un accès rapide à un certain nombre de commandes parmi les plus courantes. Par défaut, les logiciels affichent deux barres d'outils : Standard et Mise en forme. Cependant, vous pouvez en afficher de nombreuses autres.

Pour afficher une barre d'outils, cliquez du bouton droit sur une barre d'outils et sélectionnez la barre d'outils désirée.

Pour masquer une barre d'outils, cliquez du bouton droit sur une barre d'outils et cliquez en regard de celle à masquer.

2000

Auparavant fixes et quelque peu envahissantes, les barres d'outils sont désormais "à la carte" : elles prennent un minimum d'espace en s'affichant les unes à côté des autres et en se modifiant selon vos besoins. Pour visualiser la totalité d'une barre d'outils, il suffit de cliquer sur les deux têtes de flèches orientées vers la droite, à son extrémité droite.

Les options de personnalisation des barres d'outils sont désormais d'une utilisation simplissime.

Pour personnaliser une barre d'outils, et ce après l'avoir affichée dans l'écran :

1. Cliquez du bouton droit sur la barre d'outils et sélectionnez **Personnaliser**.
2. Dans la boîte de dialogue Personnaliser, l'onglet **Options** permet de définir précisément l'affichage (grandes icônes, listes des polices, info-bulles, etc.), l'onglet **Barres d'outils** permet d'activer une barre d'outils et d'en créer une nouvelle tandis que l'onglet **Commandes** répertorie les différentes catégories de boutons ainsi que leurs icônes.
3. Pour ajouter une icône dans une barre d'outils, sélectionnez la catégorie, cliquez sur le bouton à ajouter dans la liste de droite et faites-le glisser dans la barre d'outils concernée. Cliquez sur **Fermer** pour valider.

Pour supprimer un bouton, cliquez sur les têtes de flèches dans la barre d'outils concernée, sélectionnez **Ajouter/Supprimer des boutons** (voir Figure 2.3), puis cliquez sur la case d'option placée en regard de la commande à supprimer.

SAUVEGARDE DES DONNÉES

Pour enregistrer un document, une feuille de calcul ou encore une diapositive, il suffit de cliquer sur le bouton **Enregistrer** dans la barre d'outils Standard de l'application ou bien de cliquer sur **Fichier**, **Enregistrer**. Selon que vous enregistriez le fichier pour la première ou la énième fois, la procédure n'est pas tout à fait la même.

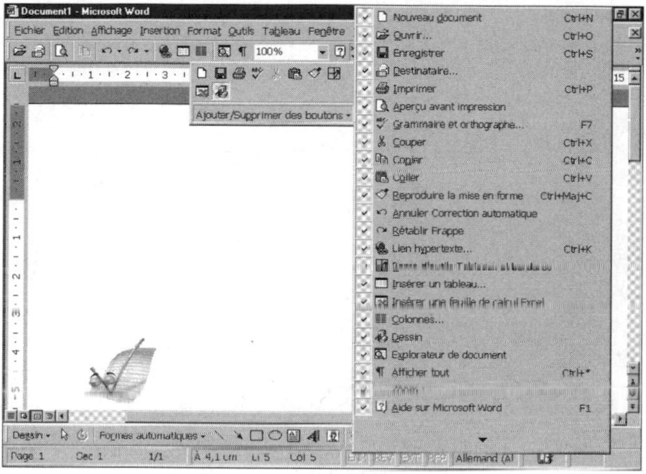

Figure 2.3 : Supprimez rapidement un bouton dans une barre d'outils.

Pour enregistrer la première fois :

1. Cliquez sur le bouton **Enregistrer** dans la barre d'outils Standard (voir Figure 2.4).
2. Sélectionnez le dossier dans la zone **Enregistrer dans** ou utilisez la barre de position en cliquant sur le dossier (par exemple **Mes documents**).
3. Saisissez le nom du fichier à enregistrer dans la zone **Nom de fichier** (ne saisissez pas l'extension, elle est automatiquement générée par l'application à partir de laquelle vous enregistrez). Cliquez sur le bouton **Enregistrer**.

Pour les enregistrements suivants, il suffit de cliquer sur le bouton **Enregistrer** dans la barre d'outils Standard.

Enregistrer des documents au format HTML

Le format HTML est celui utilisé sur le Web. Quel que soit le document que vous souhaitez publier (document texte, composition, tableau dynamique, etc.), vous devez le transformer en docu-

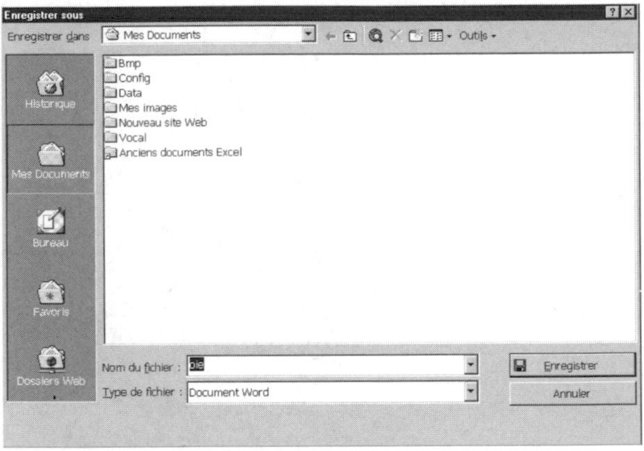

Figure 2.4 : La boîte de dialogue Enregistrer sous.

ment HTML avant de le publier. Sans cette transformation, il serait illisible sur le Web.

Pour enregistrer un document ou une présentation au format HTML :

1. Cliquez sur **Fichier**, **Enregistrer en tant que page Web**.
2. Nommez le fichier dans la zone Nom. Vous pouvez modifier le titre en cliquant sur le bouton **Changer le titre** (voir Figure 2.5). Cliquez sur **Enregistrer**.

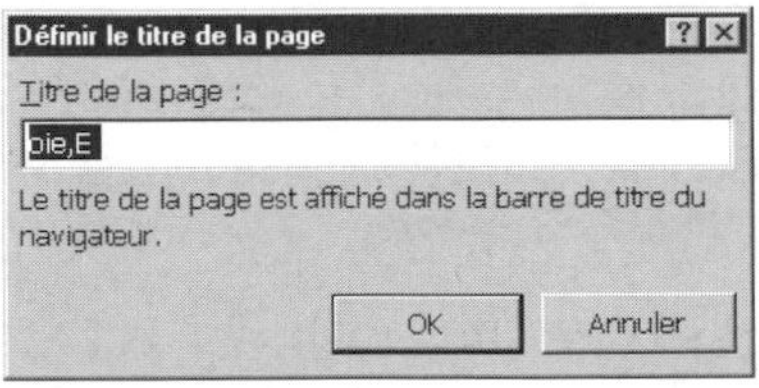

Figure 2.5 : Modifiez le titre de la page Web.

2000

Enregistrer sur un serveur

Vous pouvez désormais enregistrer un document directement sur un serveur, par exemple sur l'intranet de votre entreprise.

Pour enregistrer un document sur un serveur Web, cliquez sur **Fichier**, **Enregistrer en tant que page Web**. Dans la barre Emplacement, cliquez sur **Dossiers Web**, qui contient les éventuels raccourcis menant au(x) serveur(s) Web. Sélectionnez le serveur de votre choix. Nommez le document et cliquez sur **Enregistrer**.

GESTION DES FICHIERS

La notion de fichier vous est familière si vous êtes un utilisateur averti. En revanche, si vous êtes débutant, voici quelques explications. Dans Windows, lorsque vous créez un document, un tableau, une présentation, etc., vous créez un *fichier*. Les fichiers sont "rangés" dans des dossiers. Vous pouvez voir tous les fichiers de votre ordinateur dans l'Explorateur.

Ouverture des fichiers

Pour ouvrir un fichier, vous devez cliquer sur le bouton **Ouvrir** dans la barre d'outils Standard ou sur **Fichier**, **Ouvrir** (voir Figure 2.6). Sélectionnez le dossier contenant le fichier recherché dans la zone **Chercher dans** ou utilisez la barre de position. Ensuite, vous n'avez plus qu'à double-cliquer sur le fichier.

*Pour ouvrir un fichier récemment ouvert, cliquez sur **Fichier** : il s'affiche en bas du menu. Il suffit alors de cliquer dessus pour l'ouvrir. Vous pouvez aussi, si le logiciel n'est pas ouvert, cliquez sur **Démarrer**, **Documents**. La liste des quinze derniers fichiers utilisés s'affiche. Sélectionnez celui que vous souhaitez ouvrir.*

Figure 2.6 : La boîte de dialogue Ouvrir un fichier.

Fermeture des fichiers

Pour fermer un fichier, soit vous cliquez sur le bouton **Fermer** (symbolisé par un X) de la fenêtre, soit vous cliquez sur **Fichier**, **Fermer**.

Supprimer et renommer des fichiers

Pour supprimer un fichier, cliquez sur le bouton **Ouvrir**. Dans la boîte de dialogue, cliquez du bouton droit sur le fichier concerné et sélectionnez **Supprimer**. Cliquez sur **Oui** pour confirmer la suppression.

Pour renommer un fichier, cliquez sur le bouton **Ouvrir**. Dans la boîte de dialogue, cliquez du bouton droit sur le fichier concerné et sélectionnez **Renommer**. Saisissez le nouveau nom et tapez sur la touche **Entrée** pour valider.

IMPRESSION

Après avoir mis votre imprimante sous tension, cliquez sur le bouton **Imprimer**. Si vous souhaitez spécifier certains choix tels que l'imprimante utilisée, le nombre de copies, etc., vous devez

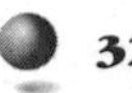

cliquer sur **Fichier**, **Imprimer**, puis indiquer vos choix dans la boîte de dialogue Impression. Cliquez sur **OK** pour valider vos choix et lancer l'impression.

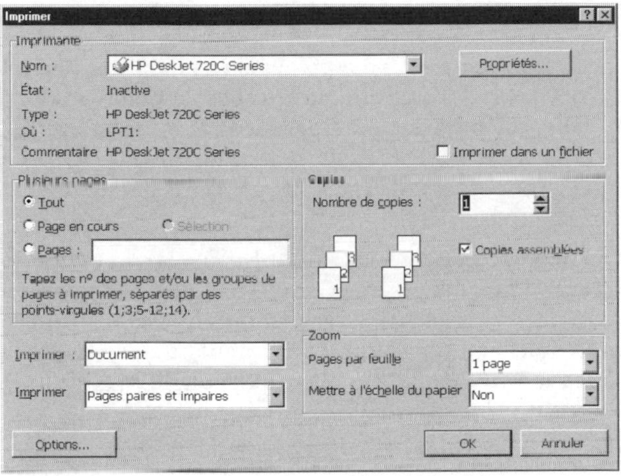

Figure 2.7 : La boîte de dialogue Impression de Word.

COUPER, COPIER, COLLER ET DÉPLACER

Au cours de la création des documents, il peut arriver que vous ayez à déplacer, à couper ou à copier un mot, une phrase, un objet, etc. Ces procédures sont extrêmement simples.

Pour copier, sélectionnez l'élément voulu, puis appuyez sur les touches **Ctrl+C**. Vous pouvez aussi cliquer sur **Edition**, **Copier**.

Pour couper, sélectionnez l'élément concerné, puis appuyez sur les touches **Ctrl+X**. Vous pouvez aussi cliquer sur **Edition**, **Couper**.

Pour coller un élément, appuyez sur les touches **Ctrl+V**. Vous pouvez aussi cliquer sur **Edition**, **Coller**.

Pour déplacer, sélectionnez l'élément intranet, puis cliquez dans la sélection. Tout en maintenant le bouton de la souris enfoncé, faites glisser à l'endroit intranet. Lâchez le bouton de la souris.

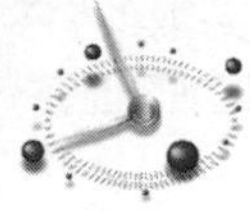

Vous pouvez aussi utiliser les boutons **Copier**, **Coller** ou **Coller**. Leurs procédures d'utilisation sont identiques à celles que vous venez d'étudier.

PRESSE-PAPIERS À LA CARTE

2000

Lorsque, dans un document, vous copiez ou coupez une portion de texte, un objet, etc., à l'aide des commandes Edition, Copier ou Edition, Couper, l'élément est placé dans le Presse-papiers, lequel constitue en quelque sorte une salle d'attente. Ensuite, dans un autre document ou une autre page, vous pouvez coller le contenu de ce Presse-papiers.

Dans les versions précédentes d'Office, dès que vous copiiez ou coupiez un élément, l'action effaçait automatiquement le précédent contenu du Presse-papiers. Ce n'est plus le cas. Désormais, vous pouvez stocker jusqu'à douze éléments dans le Presse-papiers. Lorsque vous souhaitez coller un élément, il suffit de le sélectionner dans le Presse-papiers.

Lorsque coupez et/ou copiez plusieurs éléments, la barre d'outils Presse-papiers s'affiche automatiquement (voir Figure 2.8), placez-vous à l'endroit où vous souhaitez insérer l'un de ces éléments. Cliquez sur l'élément de votre choix dans la barre d'outils Presse-papiers : il s'insère dans le document.

Figure 2.8 : La barre d'outils Presse-papiers.

*Si la barre d'outils Presse-papiers ne s'affiche pas, cliquez du bouton droit sur une barre d'outils et sélectionnez **Presse papiers**.*

Insertion de texte stylé

Avec WordArt, vous pouvez créer des textes qui se déforment, se courbent, forment des angles ou encore affichent des lettres en 3 D.

Pour insérer un objet texte WordArt :

1. Cliquez à l'endroit où vous souhaitez le placer, puis sur **Insertion**, **Image**, **WordArt** (voir Figure 2.9).
2. Cliquez sur le style, puis validez en cliquant sur **OK**.
3. Une nouvelle boîte de dialogue s'affiche, dans laquelle vous devez saisir le texte auquel s'appliquera le style sélectionné. Faites les différents choix de mise en forme tels que police, taille, attributs, etc., puis cliquez sur **OK**.

Le texte est inséré dans le document (voir Figure 2.10).

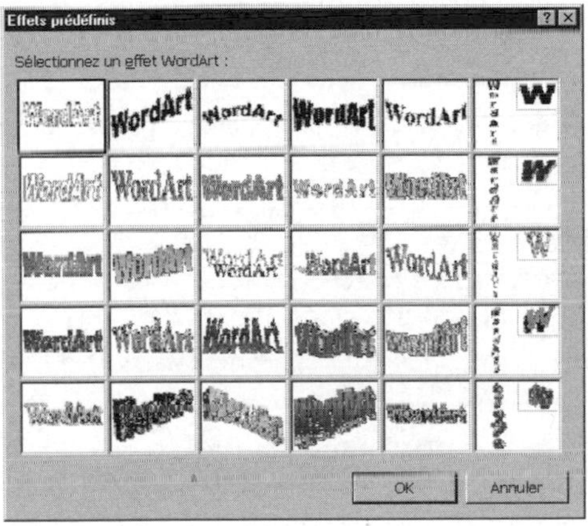

Figure 2.9 : La sous-application WordArt permet de créer des titres, des sous-titres, etc.

Déplacer, redimensionner, copier et supprimer un objet WordArt

Un texte créé avec WordArt correspond à un objet graphique : lorsque vous le sélectionnez, il s'entoure de petits carrés nommés

Figure 2.10 : Insérez un texte WordArt pour parfaire un document.

poignées, qui permettent de redimensionner l'objet, de le déplacer, etc.

Pour redimensionner l'objet WordArt, cliquez sur l'une de ces poignées et faites-la glisser dans le sens de votre choix.

Pour déplacer un objet WordArt, cliquez dessus, puis, tout en maintenant le bouton enfoncé, faites-le glisser à l'endroit de votre choix et relâchez le bouton.

Pour supprimer un objet WordArt, cliquez dessus pour le sélectionner, puis tapez sur la touche **Suppr**.

Barre d'outils WordArt

La barre d'outils WordArt qui s'affiche lorsque vous sélectionnez l'objet texte permet de modifier et de mettre en forme cet objet. Voici les différents boutons qu'elle contient ainsi que leurs fonctions.

Tableau 2.1 : Boutons de la barre d'outils WordArt

Bouton	Action
	Insère un nouvel objet WordArt dans la page
Modifier le texte...	Modifie le texte de l'objet WordArt

Tableau 2.1 : Boutons de la barre d'outils WordArt

Bouton	Action
	Sélectionne un autre style pour l'objet WordArt
	Modifie la taille, la position et la couleur de l'objet, et place le texte autour de celui-ci
	Sélectionne une autre forme pour l'objet WordArt.
	Affiche des poignées rondes autour de l'objet afin de le faire pivoter
 	Définit l'habillage du texte
	Met à la même hauteur tous les caractères de l'objet
	Affiche les caractères dans le sens vertical
	Modifie l'alignement du texte
	Modifie l'espacement entre les différents caractères de l'objet WordArt

Reproduire une mise en forme

Office fait vraiment bien les choses : non seulement les mises en forme des caractères sont rapides et aisées, mais il est possible de reproduire les différents choix de mise en forme en deux temps, trois mouvements.

Pour reproduire une mise en forme, sélectionnez le mot ou la phrase, cliquez sur le bouton **Reproduire la mise en forme**. Le pointeur se transforme en pinceau. Faites ensuite glisser sur le mot ou la phrase sur lesquels vous souhaitez reproduire la mise en forme. Lâchez le bouton.

INSERTION D'IMAGES

Office permet d'insérer des images dans n'importe quel document. Les images sont toutes proposées dans le ClipArt d'Office 2000, qui contient aussi des fichiers son et des clips animés.

Insertion d'une image personnelle

En insérant des images dans un document, vous le rendrez plus compréhensible, plus clair et, surtout, plus original. Vous pouvez insérer une image que vous aurez scannée ou trouvée sur le Web.

Pour insérer une image que vous avez sauvegardée :

1. Cliquez sur **Insertion**, **Image**, **A partir du fichier**.
2. Sélectionnez le type de fichier graphique que vous souhaitez insérer. Sélectionnez le dossier contenant le fichier. Pour que l'image s'insère dans votre page, double-cliquez sur le fichier qui la contient.

Insertion d'une image du ClipArt

Le ClipArt propose une foule d'images que vous pouvez à loisir insérer dans un document.

Pour insérer une image du ClipArt :

1. Cliquez sur **Insertion**, **Image**, **Images de la bibliothèque** (voir Figure 2.11).
2. Les images sont toutes accessibles à partir de l'onglet Images. Elles sont classées par catégories. Pour visualiser le contenu d'une catégorie, il suffit de cliquer dessus. Une fois votre choix défini, cliquez sur l'image à insérer, puis tout en maintenant le bouton enfoncé, faites-la glisser dans le document et lâchez le bouton.

Si vous devez insérer plusieurs images dans le document, vous pouvez laisser le ClipArt ouvert afin d'y revenir rapidement. Pour l'afficher de nouveau, cliquez sur le bouton dans la barre des tâches.

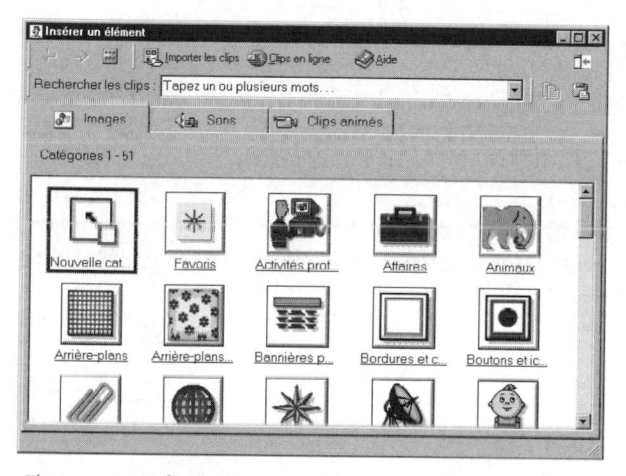

Figure 2.11 : Sélectionnez l'image dans la bibliothèque d'images.

Si vous manquez de temps et que vous vouliez rechercher rapidement une image, ouvrez la boîte de dialogue ClipArt, saisissez le terme décrivant l'image dans la zone Rechercher les clips, puis tapez sur la touche **Entrée**.

Référez-vous à la Partie IV (Chapitres 7 et 8) pour tout ce qui concerne la modification d'une image.

Le Web est une mine d'or pour les chercheurs d'images. En effet, il existe des milliers de sites dans lesquels vous pouvez récupérer une image pour l'utiliser ensuite dans un document.

Les images que vous enregistrez à partir d'un site et qui ne sont pas tombées dans le domaine public ne peuvent être utilisées dans le cadre d'une utilisation commerciale.

Clips en ligne Pour rechercher une image sur le Web :

1. Ouvrez le ClipArt. Cliquez sur le bouton **Clips en ligne** dans la barre d'outils. Bien sûr, vous devez être connecté à l'Internet.
2. Dans la boîte de dialogue qui s'affiche, cliquez sur **OK** : le navigateur est lancé. Promenez-vous sur le Web. Dans le site contenant l'image qui convient, sélectionnez l'image : elle est automatiquement intégrée dans le ClipArt.

Heure 3

Fonctions de base de Word

Au sommaire de cette heure

- Nouveau document
- Saisie du texte
- Déplacements dans le texte
- Sélections
- Correction du texte
- Affichages
- Mise en forme du texte et des paragraphes
- Mise en forme des pages

Au cours de cette troisième heure, vous allez appréhender les fonctions de base de Word telles que la saisie du texte, sa mise en forme, la modification de l'affichage, etc.

Nouveau document

Par défaut, lorsque vous lancez Word, un document vierge et le Compagnon Office s'affichent.

Pour ouvrir un document vierge, cliquez sur le bouton **Nouveau**. Vous pouvez aussi cliquer sur **Fichier**, **Nouveau**. Cliquez si nécessaire sur l'onglet **Général** (voir Figure 3.1), puis double-cliquez sur le choix **Document vide**.

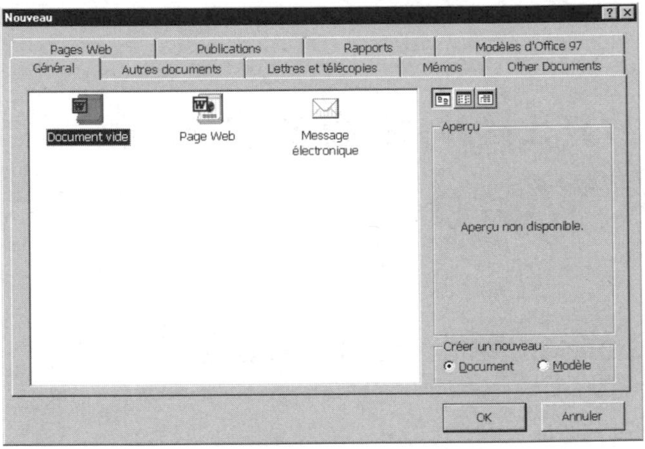

Figure 3.1 : Ouvrez un nouveau document.

Ecran de Word

Avant d'aller plus loin, examinons l'écran et ses différents éléments (voir Figure 3.2). C'est à partir de la barre de menus que vous pouvez accéder à toutes les fonctionnalités de Word ; les différentes barres d'outils proposent des boutons de raccourcis pour les commandes ou les fonctions les plus courantes. Le curseur clignotant est le point d'insertion par défaut de votre texte. Faites glisser les barres de défilement vertical ou horizontal pour vous déplacer dans la page.

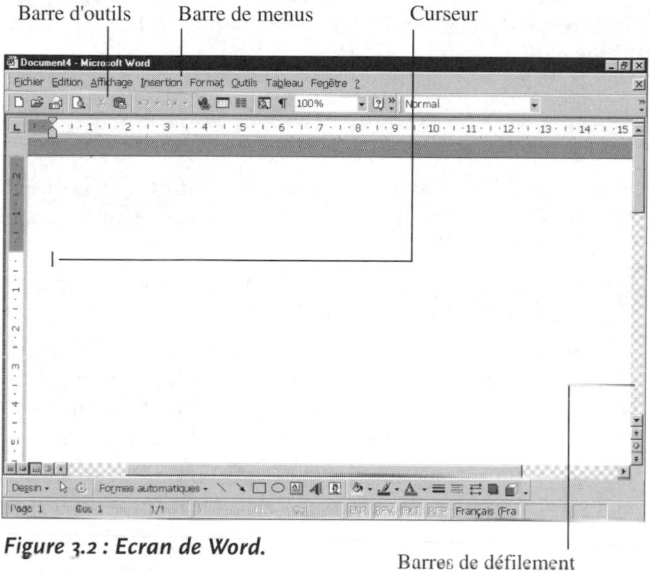

Barre d'outils Barre de menus Curseur

Figure 3.2 : Ecran de Word.

Barres de défilement

SAISIE DU TEXTE

Voici les quelques règles et astuces à connaître pour la saisie du texte :

- Par défaut, le curseur clignotant, ou point d'insertion, visualise l'endroit où va s'insérer le texte que vous allez saisir.
- L'avez-vous remarqué ? Désormais, lorsque vous déplacez le curseur dans la page, il affiche des petits traits sur le côté droit. Si vous souhaitez saisir ailleurs qu'au début de la page, il suffit de double-cliquer à l'endroit de votre choix, puis de commencer à saisir : Word se charge de la mise en page tout seul. C'est le Cliquer-taper.

*Si cette option ne fonctionne pas, cliquez sur **Outils**, **Options**, puis sur l'onglet **Edition**. Cochez l'option **Activer le Cliquer-taper**, puis cliquez sur **OK**.*

- La frappe se fait au kilomètre : Word passe automatiquement à la ligne lorsque la marge de droite est atteinte.
- Pour créer un nouveau paragraphe, tapez sur la touche **Entrée**. Cette procédure permet aussi d'insérer une ligne vierge.
- Pour passer à la ligne sans créer de nouveau paragraphe, tapez sur les touches **Maj+Entrée**.
- Au bas de la page, la ligne horizontale marque la fin de celle-ci. Si vous souhaitez insérer du texte au-delà de cette ligne, Word crée automatiquement une autre page. Pour insérer un saut de page forcé, appuyez sur les touches **Ctrl+Entrée**.
- Evitez d'utiliser les touches de tabulation pour créer des décalages dans le texte. Mieux vaut gérer cette mise en forme à l'aide des retraits.

Lorsque vous créez des paragraphes ou que vous insérez des lignes vierges, Word génère des caractères appelés *caractères non imprimables*. Pour les visualiser, cliquez sur le bouton affichant le **symbole PI** dans la barre d'outils Standard. Vous pouvez aussi cliquer sur **Options**, **Outils**. Dans l'onglet Affichage, cliquez sur le symbole dans la zone **Marques de format**, puis cliquez sur **OK** pour valider votre choix.

Tiret insécable, espace insécable et majuscules accentuées

Au cours de la saisie, c'est Word qui déclenche automatiquement le passage à la ligne. Lorsque des mots ne doivent pas être dissociés, et pour éviter que Word n'insère le premier mot sur une ligne et le second sur une autre ligne, vous devez créer un espace insécable ou un tiret insécable.

Pour créer un espace insécable, saisissez le premier mot, puis appuyez sur les touches **Ctrl+Maj+Barre d'espace**. Saisissez le second mot et appuyez de nouveau sur les touches **Ctrl+Maj+ Barre d'espace.**

Pour créer un tiret insécable, saisissez le premier mot, appuyez sur les touches **Ctrl+(8) en minuscules**, puis saisissez le deuxième mot.

Lorsque vous saisissez des titres ou tout autre texte en majuscules, Word n'affiche pas les accents. Pour une frappe plus élaborée, vous pouvez parfaitement créer des titres comportant des caractères en majuscules accentuées.

Pour insérer des majuscules accentuées :

1. Cliquez sur **Insertion**, **Caractères spéciaux** (voir Figure 3.3).
2. Cliquez sur la majuscule accentuée que vous désirez insérer. Cliquez sur le bouton **Insérer**, puis sur le bouton **Fermer**.

Figure 3.3 : Utilisez les caractères spéciaux pour insérer des majuscules accentuées.

DÉPLACEMENTS DANS LE TEXTE

Voici les procédures à suivre pour se déplacer dans un texte :

- Pointez l'endroit de votre choix, puis cliquez.

- Faites glisser la barre de défilement vertical ou horizontal dans le sens de votre choix (haut, bas, gauche ou droite). Une bulle apparaît : elle indique le numéro de la page qui s'affichera si vous lâchez la souris.
- Cliquez sur le bouton **Page précédente** ou sur le bouton **Page suivante** pour afficher la page précédente ou la page suivante. Ces boutons sont situés au bas de la barre de défilement vertical.
- Cliquez sur l'une des flèches situées au bas de la barre de défilement vertical pour faire défiler le texte vers le haut ou vers le bas. Lâchez le bouton de la souris lorsque le texte s'affiche.

Atteindre une page précise

Pour atteindre une page précise, cliquez sur **Edition**, **Atteindre** (voir Figure 3.4). Saisissez le numéro de la page, puis cliquez sur le bouton **Atteindre**. Pour atteindre un élément précis du document, dans la liste Atteindre, cliquez sur l'élément, puis sur le bouton **Atteindre**. Cliquez sur le bouton **Fermer**.

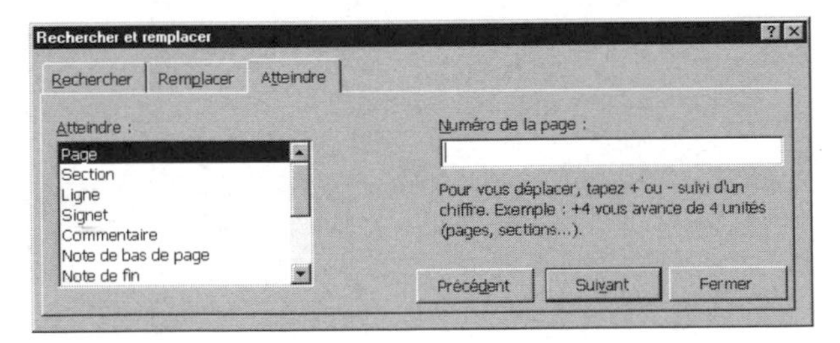

Figure 3.4 : Utilisez la commande Atteindre pour afficher une page ou un élément précis.

SÉLECTION

Pour toutes les manipulations de texte (déplacement, copie, suppression, mise en forme, etc.), vous devez sélectionner au préalable votre texte. Sélectionner consiste à délimiter le texte sur lequel vous souhaitez agir. Un texte sélectionné apparaît en surbrillance (inverse vidéo).

Pour sélectionner un mot, cliquez au début du mot, puis faites glisser la souris dessus tout en maintenant le bouton enfoncé.

Pour sélectionner un groupe de mots, cliquez devant le premier mot à sélectionner, appuyez sur la touche **Maj**, puis, tout en maintenant la touche enfoncée, utilisez les touches de direction.

Pour annuler une sélection, cliquez en dehors de celle-ci.

Corrections du texte

Une fois votre texte saisi, vous pouvez être amené à y insérer un complément, à remplacer ou encore à supprimer un ou plusieurs mots :

- Pour insérer un mot ou une lettre dans un texte existant, cliquez à l'endroit où vous voulez l'insérer, puis saisissez le nouveau mot ou la nouvelle lettre.
- Pour remplacer un mot par un autre, double-cliquez sur le mot, puis saisissez le mot de remplacement.
- Pour supprimer du texte, sélectionnez-le, puis appuyez sur la touche **Suppr**.
- Pour effacer du texte situé avant le point d'insertion, appuyez sur la touche **Retour arrière**.
- Pour effacer du texte situé après le point d'insertion, appuyez sur la touche **Suppr**.

Affichages

Au lancement de Word, un nouveau document s'est affiché : il correspond à une page, mais vous en voyez la moitié seulement. Vous êtes en mode Page, qui est le mode d'affichage par défaut. Au cours de la création d'un document, il est parfois nécessaire de modifier l'affichage des pages. Word propose plusieurs possibilités pour afficher différemment les pages à l'écran : il s'agit des modes d'affichage et du Zoom.

Modes d'affichage

Chaque mode d'affichage proposé permet d'effectuer une tâche précise. Vous accédez à ces différents modes en ouvrant le menu Affichage, puis en sélectionnant le mode d'affichage à activer. Vous pouvez aussi utiliser les boutons de modes d'affichage situés dans la partie inférieure gauche du document.

Les boutons de modes d'affichage proposés sont les suivants :

- **Affichage Normal.** Affiche les pages sous la forme d'un long listing scindé en page par un prédécoupage. Ce mode est facile à utiliser, car il nécessite très peu de mémoire.

2000

- **Mode Web.** Présente le document tel qu'il apparaîtra dans un navigateur Web lorsqu'il sera publié.
- **Mode Page.** Affiche le document tel qu'il sera imprimé. Ce mode, qui consomme beaucoup de mémoire, ralentit le défilement du document.
- **Mode Plan.** Permet d'afficher la structure de votre document, vous donnant ainsi la possibilité de la modifier (voir Figure 3.5).

Zoom

L'option Zoom permet de modifier précisément la taille de la page dans l'écran.

Pour modifier la taille du zoom, cliquez sur la flèche de la liste déroulante du **Zoom**, puis sélectionnez le pourcentage d'affichage. Vous pouvez aussi double-cliquer dans la zone de texte, puis saisir le pourcentage et taper sur la touche **Entrée** pour valider.

Naviguer entre plusieurs documents

Il est possible de travailler simultanément dans plusieurs documents différents.

Pour naviguer entre les différents documents, cliquez sur **Fenêtre**. Dans le bas du menu, la liste des documents ouverts s'affiche. Cliquez sur le document que vous souhaitez afficher.

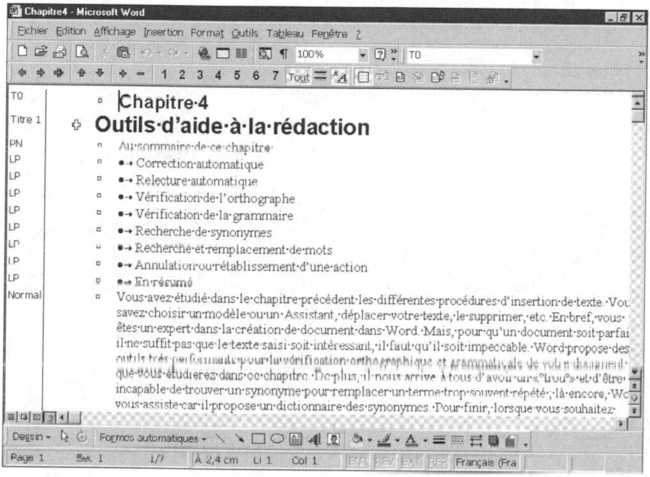

Figure 3.5 : Un texte en mode Plan.

Pour afficher plusieurs documents à l'écran, cliquez sur **Fenêtre**, puis sélectionnez **Réorganiser tout** (voir Figure 3.6).

MISE EN FORME DU TEXTE ET DES PARAGRAPHES

La police par défaut de Word est le Times New Roman, taille 10, sans attribut ; les paragraphes sont alignés à gauche, possèdent un espacement avant et après de 0 et ne présentent aucun retrait.

Un paragraphe est un ensemble de caractères qui se termine par un retour chariot que vous obtenez en tapant sur la touche ***Entrée.***

Procédures de mise en forme

Vous pouvez définir la mise en forme des caractères et des paragraphes avant ou après la frappe :

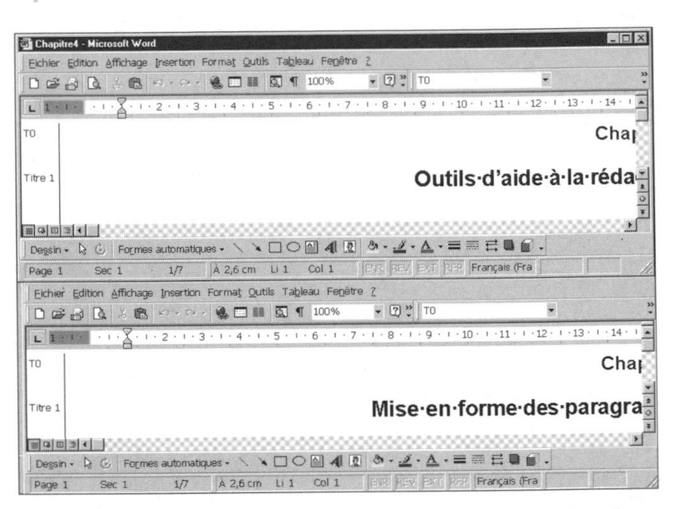

Figure 3.6 : Vous pouvez afficher plusieurs documents à l'écran.

- **Mise en forme avant la frappe.** Sélectionnez les différentes mises en forme comme indiqué dans ce chapitre, puis saisissez le texte.
- **Mise en forme après la frappe.** Sélectionnez le texte, puis choisissez les différentes mises en forme désirées.

Pour mettre en forme un seul mot, inutile de le sélectionner : il suffit de cliquer dedans, puis de choisir les différentes options de mise en forme.

Mise en forme rapide des caractères

La méthode la plus rapide et la plus simple pour la mise en forme des caractères est de recourir à la barre d'outils Mise en forme. Vous trouverez dans le tableau ci-dessous les différentes mises en forme qu'elle propose. Certains des boutons qui apparaissent sur cette barre d'outils ne figurent pas dans ce tableau : référez-vous à la rubrique Mise en forme rapide des paragraphes pour en connaître l'utilisation.

Tableau 3.1 : Boutons proposés pour la mise en forme des caractères dans la barre d'outils Mise en forme

Bouton	Action
Arial	Modifie la police
16	Modifie la taille
G	Met en gras
I	Met en italique
S	Souligne le texte
	Sélectionne une couleur de surlignage
A	Sélectionne une couleur

Pour supprimer une mise en forme, sélectionnez le texte concerné, puis cliquez sur l'attribut pour le désactiver.

Mise en forme élaborée des caractères

La boîte de dialogue Police permet de sélectionner en une seule fois la totalité des options de mise en forme des caractères.

Pour utiliser la boîte de dialogue Police (voir Figure 3.7), cliquez du bouton droit sur la sélection du texte à mettre en forme et choisissez **Police**. Effectuez vos choix de mise en forme, puis cliquez sur **OK**.

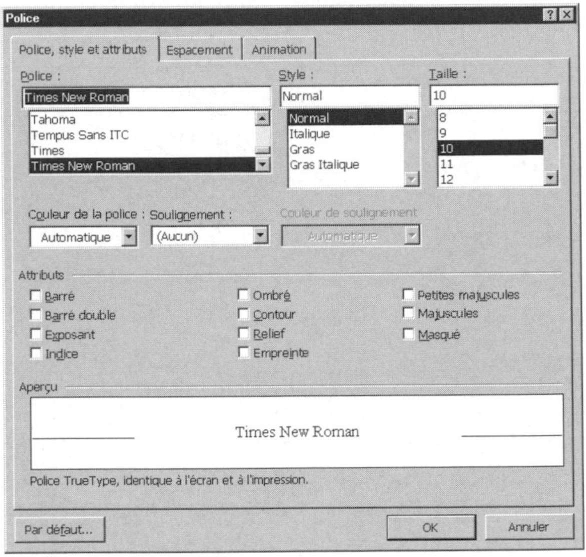

Figure 3.7 : La boîte de dialogue Police permet de sélectionner rapidement la totalité des options de mise en forme des caractères.

Voyez ce que permettent les autres onglets de la boîte de dialogue Police :

- **L'onglet Espacement.** Permet de modifier l'espacement entre les caractères ainsi que le crénage du texte.
- **L'onglet Animation.** Permet d'animer le texte. Ces fonctions ne sont intéressantes que lorsque vous faites parvenir le document sous forme de fichier et non sur copie papier.

Pour modifier la casse des caractères (majuscules, minuscules), cliquez sur **Format**, **Modifier la casse** (voir Figure 3.8). Sélectionnez l'option, puis cliquez sur **OK**.

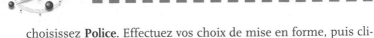

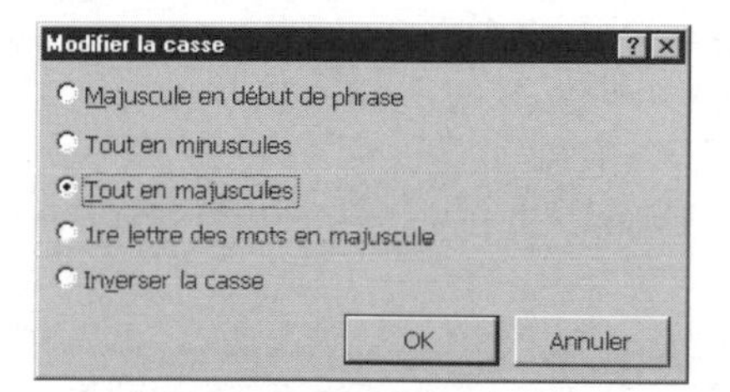

Figure 3.8 : Dans la boîte de dialogue Modifier la casse, Word propose plusieurs options de casse de caractères.

L'option Inverser la casse permet d'afficher en majuscules un texte qui était en minuscules, et vice versa.

Mise en forme rapide des paragraphes

La méthode la plus rapide pour la mise en forme des paragraphes est de recourir à la barre d'outils Mise en forme. Vous trouverez dans le tableau ci-dessous les différentes mises en forme qu'elle permet.

Tableau 3.2 : Boutons proposés pour la mise en forme des paragraphes dans la barre d'outils Mise en forme

Bouton	Action
	Aligne le paragraphe sur la marge de gauche
	Centre le paragraphe entre les marges gauche et droite
	Aligne le paragraphe sur la marge de droite
	Répartit le texte du paragraphe sur toute la largeur de la page, entre les marges gauche et droite

Tableau 3.2 : Boutons proposés pour la mise en forme des paragraphes dans la barre d'outils Mise en forme

Bouton	Action
	Crée une liste numérotée
	Crée une liste à puces
	Réduit la valeur du retrait de paragraphe par rapport à la marge de gauche
	Augmente la valeur du retrait de paragraphe par rapport à la marge de gauche
	Encadre un paragraphe

Pour supprimer une mise en forme de paragraphe, sélectionnez le paragraphe concerné, puis cliquez sur le bouton concerné pour le désactiver dans la barre d'outils Mise en forme.

Mise en forme élaborée des paragraphes

La boîte de dialogue Paragraphe permet de sélectionner en une seule fois la totalité des options de mise en forme des paragraphes.

Pour utiliser la boîte de dialogue Paragraphe (voir Figure 3.9), cliquez du bouton droit sur la sélection du texte à mettre en forme et choisissez **Paragraphe**. Faites vos choix de mise en forme, puis cliquez sur **OK**.

Voyez ce que permettent les onglets de la boîte de dialogue Paragraphe :

- **L'onglet Retrait et espacement.** Permet de modifier l'alignement, les retraits et l'espacement des paragraphes. L'alignement permet de définir l'emplacement des paragra-

Paragraphe

Retrait et espacement | Enchaînements

Alignement : Gauche — Niveau hiérarchique : Corps de texte

Retrait

Gauche : 0 cm — De 1ère ligne : (Aucun) — De :

Droite : 0 cm

Espacement

Avant : 0 pt — Interligne : Simple — De :

Après : 0 pt

Aperçu

Tabulations... — OK — Annuler

Figure 3.9 : La boîte de dialogue Paragraphe permet de sélectionner rapidement la totalité des options de mise en forme des paragraphes.

phes par rapport aux marges (voir Figure 3.10). Les retraits concernent, soit la totalité du paragraphe, soit la première ligne de celui-ci (voir Figure 3.11) ; ils permettent de décaler le texte par rapport à la marge de gauche. Vous pouvez aussi modifier les retraits avec la règle (voir Figure 3.12).

- **L'onglet Enchaînements.** Permet de définir la position du paragraphe par rapport aux autres. Par exemple, vous pouvez demander qu'il ne soit pas scindé à la fin de la page.

*Pour annuler la mise en forme des paragraphes et revenir aux options par défaut, sélectionnez le paragraphe concerné, puis appuyez sur les touches **Ctrl+Q**.*

Voici un texte aligné à gauche.

Voici un texte centré.

Voici un texte aligné à droite.

Voici un texte justifié. Pour que vous voyiez mieux à quoi il correspond, il est nécessaire que le paragraphe contienne plusieurs lignes. Sinon, ce ne serait pas clair, ni explicite. En effet, cette fonction n'est pas évidente à comprendre...

Figure 3.10 : Les différents alignements proposés.

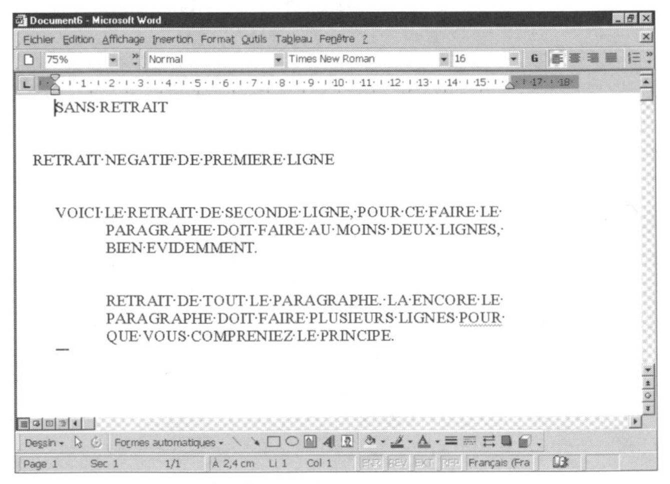

Figure 3.11 : Exemples de retraits.

Listes pointées

Les listes pointées permettent de faire ressortir un texte particulier.

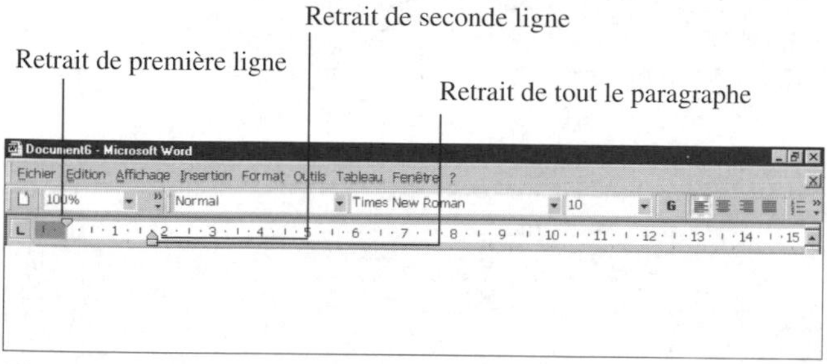

Figure 3.12 : Gestion des retraits avec la règle.

Pour créer rapidement une liste pointée, utilisez les boutons **Liste numérotée** ou **Liste à puce** proposés dans la barre d'outils Mise en forme (voir Tableau 3.2). Quand vous cliquez sur l'un de ces boutons, Word insère un numéro ou une puce (élément graphique). Chaque fois que vous avez saisi un des items de la liste, il suffit d'appuyer sur la touche **Entrée** pour faire apparaître le numéro suivant ou une nouvelle puce. Lorsque vous avez fini de saisir la liste pointée, appuyez sur la touche **Retour arrière** ou cliquez sur le bouton concerné dans la barre d'outils Mise en forme pour le désactiver.

Vous pouvez modifier la puce ou le type de numéro affichés dans la liste pointée.

Pour modifier la puce ou le type de numéro :

1. Cliquez du bouton droit dans la liste pointée et sélectionnez **Puces et numéros** (voir Figure 3.13).
2. Cliquez sur l'onglet correspondant à votre choix (**Avec puces** ou **Numéros**). Cliquez sur le type de puce ou de numéro voulu. Le bouton Personnaliser permet de sélectionner d'autres choix de puce. Cliquez sur **OK** pour valider votre choix.

Bordure et trame

Les fonctions Bordure et trame permettent d'encadrer un paragraphe et de le faire apparaître en grisé.

Figure 3.13 : La boîte de dialogue Puces et numéros permet de modifier la puce ou le numéro de la liste pointée.

Pour créer la bordure et la trame d'un paragraphe :

1. Après avoir sélectionné le paragraphe, cliquez sur **Format**, **Bordure et trame**. Cliquez sur l'onglet **Bordures** (voir Figure 3.14).
2. Sélectionnez le style de la bordure, puis choisissez le type d'encadrement. Vous pouvez modifier la couleur et la largeur de la bordure. Si vous souhaitez griser l'intérieur du paragraphe, cliquez sur l'onglet **Trame de fond**. Choisissez la couleur de remplissage, le style de la trame, puis cliquez sur **OK**.

*Pour supprimer une bordure, cliquez sur **Format**, **Bordure et trame**. Cliquez sur l'onglet **Bordures**, puis sélectionnez **Aucune** dans le style de la bordure. Cliquez sur **OK** pour valider votre choix.*

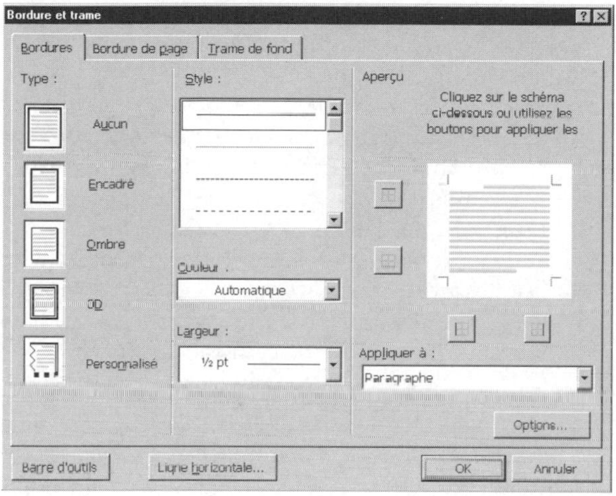

Figure 3.14 : L'onglet Bordures de la boîte de dialogue Bordure et trame.

MISE EN FORME DES PAGES

Word propose certaines commandes pour embellir votre page : vous pouvez ainsi encadrer la totalité d'une page, afficher un arrière-plan en couleur ou en image, etc.

Encadrement de la page

Pour encadrer votre page, vous devez utiliser la fonction Bordure et trame (voir rubrique ci-dessus).

Arrière-plan

Vous pouvez affecter un arrière-plan à la page ou à l'ensemble du document. Sachez que l'arrière-plan choisi ne s'imprime pas et qu'il n'apparaît que dans le mode Web. Cette fonction est donc intéressante lorsque vous envoyez le document sur l'intranet de votre société, sur le Web ou encore si vous le faites parvenir enregistré sur disquette à un correspondant.

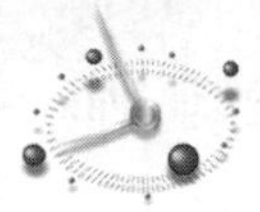

Pour choisir l'arrière-plan, cliquez sur **Format**, **Arrière-plan**. Dans le menu en cascade qui s'ouvre, cliquez sur la couleur d'arrière-plan correspondant à votre souhait. Sachez que l'option **Autres couleurs** permet d'ouvrir une boîte de dialogue proposant deux onglets : l'onglet **Standard** permet de sélectionner une autre couleur, l'onglet **Personnalisé** permet de définir exactement la couleur désirée en indiquant le pourcentage de chaque couleur la composant. Si une simple couleur d'arrière-plan ne paraît pas suffisante, cliquez sur l'option **Motifs et textures**. Dans la boîte de dialogue Motifs et textures et ses différents onglets, vous pouvez choisir un dégradé, une texture particulière (gouttelettes, mosaïque, etc.) et un motif. Cliquez sur **OK** pour valider vos choix.

Vous pouvez aussi opter pour une image en arrière-plan. Celle-ci apparaîtra en filigrane sur la totalité de la page. Deux possibilités s'offrent à vous : soit vous insérez une image que vous avez sauvegardée dans un fichier, soit vous insérez une image du ClipArt (Chapitre 2).

Pour choisir une image d'arrière-plan :

1. Ouvrez la boîte de dialogue Motifs et textures comme indiqué ci-dessus. Cliquez sur l'onglet **Image**, puis sur le bouton **Image**.
2. Sélectionnez le fichier contenant l'image que vous souhaitez afficher en arrière-plan. Cliquez sur **OK**.

Pour supprimer un arrière-plan, qu'il soit en couleur, en motifs ou en image, cliquez sur ***Format, Arrière-plan****. Dans le menu en cascade, cliquez sur* ***Aucun remplissage****.*

Insertion d'un en-tête et d'un pied de page

Pour insérer un en-tête ou un pied de page, cliquez sur **Affichage**, **En-tête et pied de page**. Une barre d'outils spécifiques s'affiche. L'en-tête apparaît encadré en pointillé. Vous n'avez plus qu'à en saisir le libellé, puis à utiliser les différents boutons de la barre d'outils En-tête et pied de page.

Mise en page

Cette étape est la dernière avant l'impression du document. Vous allez apprendre à définir les marges de votre document, son orientation et sa pagination.

Pour réaliser la mise en page :

1. Cliquez sur **Fichier**, **Mise en page** (voir Figure 3.15). Sachez que :
   - **Onglet Marges.** Permet de modifier les marges du document et de définir éventuellement des marges de reliure. L'option **Pages en vis-à-vis** concerne l'impression en recto-verso. La zone Aperçu visualise les choix définis. L'option **Appliquer à** permet, en cliquant sur la flèche, d'ouvrir une liste déroulante dans laquelle vous sélectionnez la partie du document à laquelle la mise en page s'applique.
   - **Onglet Format du papier.** Permet de choisir l'orientation du document (Portrait, en hauteur, ou Paysage, en largeur).
   - **Onglet Alimentation du papier.** Permet de définir la façon dont l'imprimante sera alimentée au moment de l'impression.
   - **Onglet Disposition.** Permet de définir l'emplacement du texte dans le document (alignement vertical ou horizontal). Vous pouvez aussi y choisir de numéroter les lignes de votre document.
2. Cliquez sur les onglets désirés, puis effectuez vos choix.
3. Cliquez sur **OK** pour les valider.

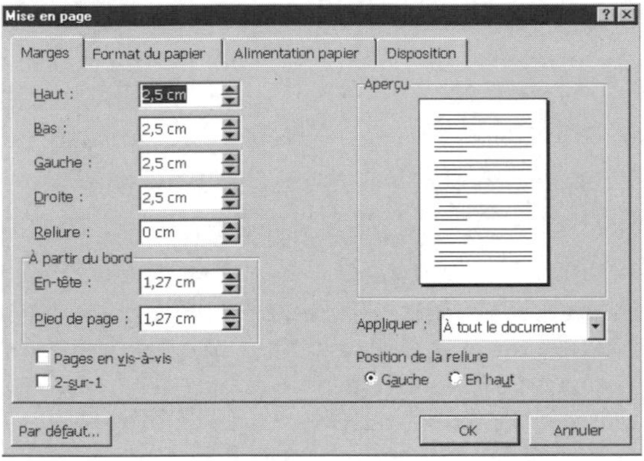

Figure 3.15 : La boîte de dialogue Mise en page regroupe la plupart des options de celle-ci.

Heure 4

Fonctions avancées de Word

AU SOMMAIRE DE CETTE HEURE

- Création de tableau
- Création de colonnes
- Publipostage (mailing)
- Mise en forme automatique avec les styles

Nous voici arrivés aux fonctionnalités élaborées de Word telles que la création de tableau, le publipostage, etc.

CRÉATION DE TABLEAU

Chaque fois que vous avez des difficultés pour aligner deux blocs de texte ou tout autre élément, utilisez la fonction Tableau. Un tableau est composé de lignes et de colonnes. Les intersections de celles-ci forment des cellules.

Dessiner un tableau

L'option Dessiner un tableau permet de créer le plan général de votre tableau. Une fois ce cadre réalisé, vous le découpez en plusieurs parties en traçant des lignes et des colonnes.

Pour dessiner un tableau :

1. Cliquez sur **Tableau**, **Dessiner un tableau**. Le pointeur se transforme en crayon.
2. Cliquez dans la page à l'endroit où vous souhaitez insérer le tableau. Faites glisser pour dessiner un rectangle qui constituera le cadre de votre tableau (voir Figure 4.1). Dessinez les lignes et les colonnes pour compléter le tableau.

Afin de personnaliser les lignes et les colonnes, vous pouvez sélectionner la mise en forme de celles-ci dans la barre d'outils Tableaux et bordures avant de les dessiner.

3. Une fois que vous avez terminé le "dessin", cliquez sur **Tableau**, **Dessiner un tableau** afin que le pointeur retrouve sa forme initiale.

Utilisez la gomme pour effacer les lignes ou les colonnes incorrectes. Ce bouton est accessible dans la barre d'outils Tableaux et bordures.

Insérer un tableau

Pour créer rapidement un tableau, il suffit de cliquer sur ce bouton : un petit cadre s'affiche, qui représente les lignes et les colonnes d'un tableau (voir Figure 4.2). Vous n'avez qu'à faire glisser la souris dessus pour sélectionner le nombre de lignes et de colonnes que

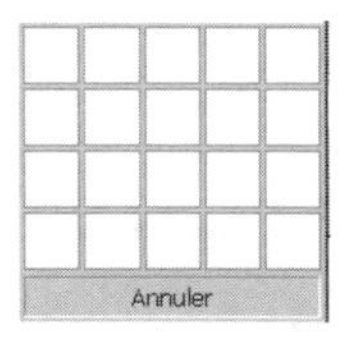

Figure 4.2 : Définissez rapidement un tableau grâce au bouton Insérer un tableau.

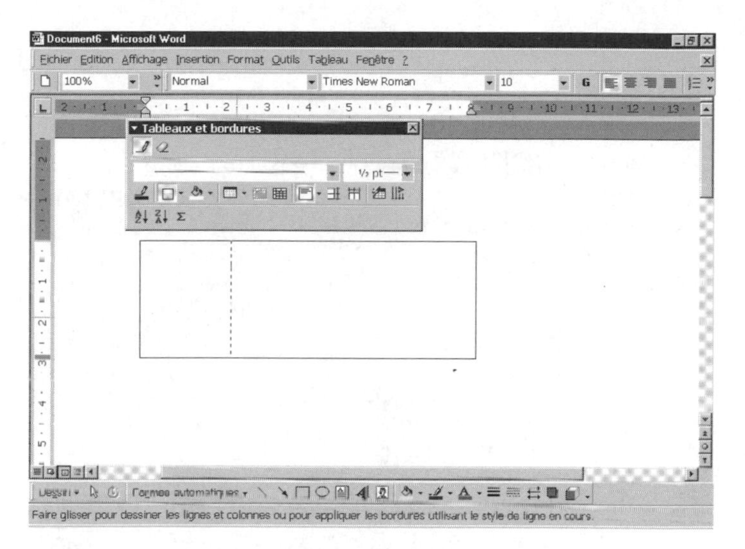

Figure 4.1 : La fonction Dessiner un tableau permet de tracer vous-même le cadre du tableau.

vous souhaitez pour le tableau. La description textuelle du nombre de lignes et de colonnes sélectionnées s'affiche en bas de ce cadre. Une fois que vous avez terminé, lâchez la souris : Word insère dans la page le tableau que vous venez de définir.

Boîte de dialogueTableau

La boîte de dialogue Tableau permet de spécifier exactement le nombre de lignes et de colonnes. Vous pouvez afficher jusqu'à 63 colonnes dans un tableau.

Pour utiliser la boîte de dialogue Tableau :

1. Après avoir cliqué à l'endroit où vous souhaitez insérer le tableau, cliquez sur **Tableau**, **Insérer**, **Tableau** (voir Figure 4.3).
2. Saisissez le nombre de colonnes dans la zone **Nombre de colonnes**. Saisissez le nombre de lignes dans la zone **Nombre de lignes**. Dans la zone Comportement de l'ajustement auto-

matique, sélectionnez le choix. Le choix **Auto** permet de créer un tableau allant d'une marge à l'autre, divisé en colonnes de largeur égale. Le bouton **Format auto** permet de choisir un format prédéfini pour votre tableau.

3. Cliquez sur **OK** pour valider les choix.

Le tableau défini dans la boîte de dialogue Insérer un tableau apparaît dans le document.

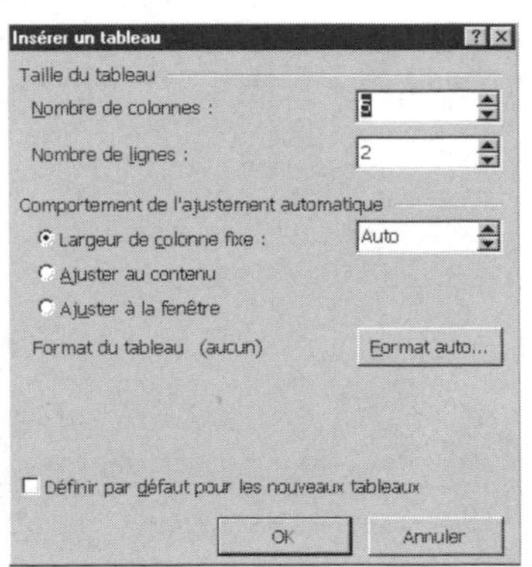

Figure 4.3 : Dans la boîte de dialogue Insérer un tableau, vous pouvez définir le nombre de colonnes et de lignes.

Déplacements dans un tableau

Avant de commencer à saisir dans le tableau, vous devez être capable de vous déplacer rapidement à l'intérieur de celui-ci. Référez-vous au Tableau 4.1 pour connaître les modalités de déplacement.

Tableau 4.1 : Déplacements dans un tableau

Pour	Appuyez sur...
Atteindre la cellule suivante	Touche Tab
Atteindre la cellule précédente	Maj+Tab
Atteindre la première cellule de la ligne	Alt+Home ou Origine
Atteindre la première cellule de la colonne	Alt+PageUp
Atteindre la dernière cellule de la ligne	Alt+Fin
Atteindre la dernière cellule de la colonne	Alt+PageDown

Sélections dans un tableau

Une fois votre tableau créé, vous allez pouvoir le mettre en forme, lui ajouter des lignes, des colonnes, lui affecter une bordure, etc. Mais pour réaliser toutes ces mises en forme, vous devez savoir sélectionner les différents éléments. Le Tableau 4.2 indique les différentes procédures de sélection.

Tableau 4.2 : Les différentes sélections dans un tableau

Pour sélectionner	Procédure
Une cellule	Pointez à l'intersection de la colonne et de la ligne, puis cliquez
Une colonne	Pointez sur la bordure supérieure en regard de la colonne, puis cliquez
Une ligne	Pointez sur la bordure gauche en regard de la ligne, puis cliquez
Tout le tableau	**Tableau, Tout le tableau**.
Le texte d'une cellule suivante ou précédente	Tab ou Maj+Tab

Insertion, suppression de cellules et de lignes

Une fois le tableau réalisé, vous devez savoir le modifier en supprimant des cellules, en ajoutant des lignes, etc.

Désormais, vous pouvez dessiner un tableau... dans un tableau. Insérez un tableau avec la procédure indiquée ci-dessus, puis cliquez dans une cellule et reprenez la procédure (Tableau, Insérer, Tableau) [voir Figure 4.4].

Pour insérer une cellule, sélectionnez une cellule, puis cliquez sur **Tableau**, **Insérer**, **Cellules** (voir Figure 4.5). Cliquez sur l'option, puis sur **OK**.

Insérer des cellules

Décaler les cellules vers la droite
Décaler les cellules vers le bas
Insérer une ligne entière
Insérer une colonne entière
OK
Annuler

Figure 4.5 : Insérez rapidement des cellules avec la boîte de dialogue Insérer des cellules.

Figure 4.4 : Vous pouvez insérer un tableau dans un tableau.

*Pour supprimer une cellule, sélectionnez-la et appuyez sur la touche **Suppr**.*

Pour insérer une ligne, cliquez sur **Insérer**, puis sélectionnez l'option. Il existe une méthode plus rapide : cliquez dans le rang situé après l'endroit où vous souhaitez insérer la ligne, puis cliquez sur le bouton **Insérer des lignes** dans la barre d'outils Tableaux et bordures.

*Lorsque vous souhaitez insérer quatre lignes par exemple, sélectionnez-les dans le tableau, puis cliquez sur le bouton **Insérer des lignes**. Word insérera automatiquement quatre lignes vierges dans le tableau.*

Pour insérer une colonne, sélectionnez la colonne précédent l'insertion, cliquez sur le bouton **Insérer une colonne** dans la barre d'outils Tableaux et bordures. Vous pouvez aussi cliquer sur **Tableau**, **Insérer des colonnes**.

*Pour supprimer une ligne ou une colonne, sélectionnez-la, et appuyez sur la touche **Suppr**.*

Orientation et affichage de la ligne de titre

Vous pouvez changer l'orientation du texte dans les cellules. Cliquez dans la cellule concernée, puis sur le bouton **Changer l'orientation du texte** dans la barre d'outils Tableaux et bordures.

Lorsqu'on crée un tableau avec de nombreuses lignes, il n'appa raît pas en entier à l'écran. Il est alors difficile de saisir du texte dans le tableau : au bout d'un certain temps, on mélange colonnes et libellés. La meilleure solution consiste à laisser affiché en permanence le titre de toutes les colonnes dans la partie supérieure de la page en sélectionnant la ligne de titre puis en cliquant sur **Tableau**, **Titres.**

Mise en forme des tableaux

Pour la mise en forme d'un tableau — et non pour la mise en forme des caractères dans les différentes cellules — vous pouvez choisir l'une de ces méthodes :

- **Format automatique.** Après avoir sélectionné le tableau, cliquez sur **Tableau**, **Format automatique de tableau.** Sélectionnez le modèle, puis cliquez sur **OK**.
- **Bordures et trame.** Après avoir sélectionné le tableau, cliquez sur **Format**, **Bordure et trame** (voir Figure 4.6). Cliquez sur l'onglet **Bordures**, puis choisissez la bordure dans la zone Style. Ensuite, définissez le type dans la zone appropriée. Cliquez sur l'onglet **Trame de fond** si vous souhaitez affecter une trame au tableau. Définissez les choix, puis cliquez sur **OK**.

CRÉATION DE COLONNES

Pour créer des colonnes, deux méthodes sont proposées. La première consiste à cliquer sur le bouton **Colonnes** dans la barre d'outils Standard, puis à sélectionner l'aperçu affichant le nombre de colonnes. La seconde consiste à cliquer sur **Format**, **Colon-**

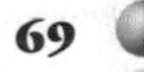

Figure 4.6 : La boîte de dialogue Bordure et trame.

nes (voir Figure 4.7), à sélectionner la présentation dans le cadre **Prédéfinir** et à cliquer sur **OK**.

Une fois que vous avez créé les colonnes, il nous reste à insérer le texte selon les procédures suivantes :

- La frappe se fait au kilomètre : Word passe automatiquement à la ligne lorsque la fin de la colonne est atteinte.
- Pour passer à la colonne suivante, cliquez sur **Insertion**, **Saut**, puis sélectionnez le type de saut dans la boîte de dialogue Saut. Le saut de page passe à la page suivante, le saut de section passe à la colonne suivante.

Vous avez inséré un saut de colonne et les colonnes sont déséquilibrées ? Pour équilibrer les colonnes, insérez un saut de section ***Continu****.*

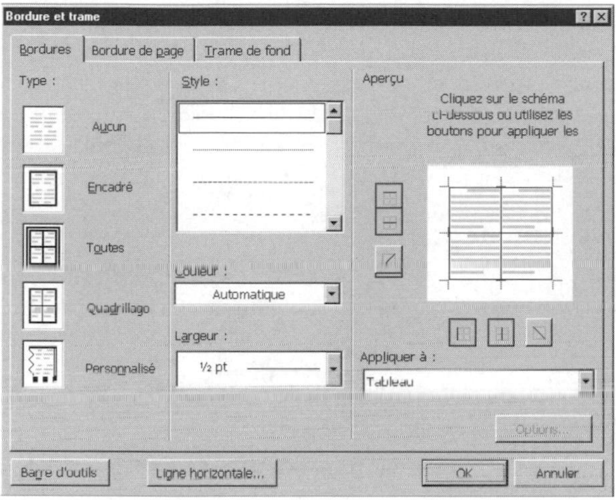

Figure 4.7 : Choisissez le nombre de colonnes dans la boîte de dialogue Colonnes.

PUBLIPOSTAGE (MAILING)

Lorsque vous souhaitez envoyer à de nombreuses personnes une lettre identique, utilisez la fonction publipostage et ses différents éléments :

- **Document principal.** Document qui sert de support aux différentes données. Celles-ci sont placées dans les champs appropriés en fonction de différents critères. Ce document ne contient que le texte commun à toutes les lettres que vous souhaitez imprimer ainsi que les champs dans lesquels se placeront les différentes variables au moment de la fusion.
- **Source de données.** Document qui contient tous les enregistrements concernant les informations variables. Celles-ci s'insèreront dans les champs appropriés au moment de la fusion. C'est en fait la base de données à laquelle se réfère le document principal pour réaliser l'impression des lettres.

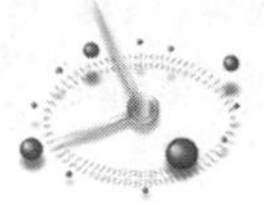

- **Champs de fusion.** Zones du document principal dans lesquelles vont s'insérer les données de la source de données.
- **Fusion.** Commande qui permet de créer les lettres et qui fusionne la lettre type avec le contenu de la base de données. Une fois cette fusion opérée, vous pouvez imprimer directement les lettres ou les afficher dans l'écran.

Document principal

Vous devez avant tout créer le document principal du publipostage, à savoir la lettre qui sera envoyée à tous les destinataires.

Pour créer le document principal :

1. Cliquez sur le bouton **Nouveau**, puis sur **Outils**, **Publipostage** (voir Figure 4.8).
2. Cliquez sur le bouton **Créer**, puis sélectionnez **Lettres types**. Une nouvelle boîte de dialogue s'affiche, qui demande si vous souhaitez créer votre lettre à partir du document actif ou si vous souhaitez afficher un nouveau document. Si vous avez suivi la procédure, cliquez sur **Fenêtre active**. Dans le cas contraire, cliquez sur **Nouveau**

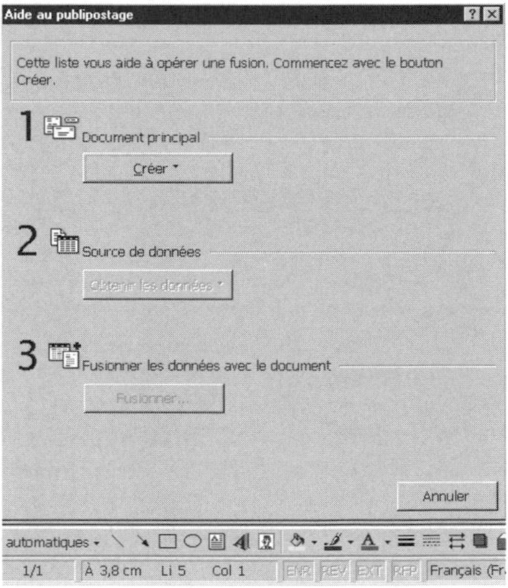

Figure 4.8 : C'est à partir de la boîte de dialogue Aide à la fusion que vous choisissez la création des différents éléments de la fusion.

document principal et saisissez le texte de votre lettre type comme vous le faites habituellement.

*Si vous souhaitez créer le document principal à partir d'un document existant, ouvrez le fichier concerné et cliquez sur **Outils, Fusion et publipostage**. Cliquez sur le bouton **Créer** dans la boîte de dialogue Aide à la fusion, sélectionnez l'option **Lettres types**, puis cliquez sur le bouton **Fenêtre active**.*

Source des données

Une fois votre document principal créé, vous devez saisir les différentes données qui seront insérées dans celui-ci. C'est l'étape de la constitution de la base de données. Etant donné que vous venez de créer le document principal, la boîte de dialogue Aide à la fusion est toujours affichée.

Pour constituer la base de données :

1. Dans la boîte de dialogue Aide au publipostage, cliquez sur le bouton **Obtenir des données** dans la zone 2 (Source de données). Cliquez sur **Créer la source de données**. L'option **Utiliser un carnet d'adresses** permet d'utiliser, comme base de données, l'un des carnets d'adresses (voir la partie concernant Outlook).

   La boîte de dialogue Créer une source de données s'affiche. C'est à partir de celle-ci que vous allez sélectionner les champs que vous souhaitez insérer dans la lettre type (nom, prénom, adresse, ville, etc.). Dans la liste Champs de la liste d'en-tête s'affiche la totalité des champs proposés (voir Figure 4.9).

2. Mettez en forme l'ensemble des champs de la façon suivante :

   – Supprimez les champs qui ne doivent pas figurer en cliquant dessus, puis en cliquant sur le bouton **Supprimer**. Le champ supprimé disparaît de la liste Champs de la ligne d'en-tête.

Créer une source de données

Les sources de données sont composées de lignes de données constituant chacune un enregistrement. La première ligne, appelée ligne d'en-tête, comprend les noms des champs de fusion.

Word vous propose une liste de noms de champs communément utilisés. Supprimez ou ajoutez les noms de votre choix.

Nom du champ :

Champs de la ligne d'en-tête :

Titre
Prénom
Nom
Poste
Société
Adresse1
Adresse2

Ajouter un champ >>

Supprimer un champ

Déplacer

MS Query...

OK

Annuler

Figure 4.9 : Définissez les différents champs de données dans la boîte de dialogue Créer une source de données.

- Pour ajouter un champ, saisissez-le dans l'option **Nom de champ** et cliquez sur le bouton **Ajouter**. Le champ défini s'affiche dans la liste Champs de la ligne d'en-tête.
- Pour déplacer vers le haut ou vers le bas un des champs de la liste Champs de la liste d'en-tête, sélectionnez le champ concerné, puis cliquez sur la flèche correspondant à votre désir (à droite de la liste Champs de la ligne d'en-tête).

3. Quand les champs et leur ordre vous conviennent, cliquez sur **OK**.
4. Enregistrez la base de données comme Word le demande.
5. Cliquez sur **Modifier la source de données** pour commencer la saisie des différentes données servant à la fusion.

*Si vous avez déjà créé une base de données, ouvrez la boîte de dialogue Aide à la fusion, cliquez sur le bouton **Obtenir des données** et sélectionnez **Ouvrir la source de données**. Vous n'avez plus qu'à sélectionner la base de données que vous souhaitez utiliser.*

Saisie des données

Au moment où vous avez choisi la commande Modifier la source de données, une boîte de dialogue s'est affichée : Saisie des données de la fusion. Elle est constituée des différents champs que vous avez définis au moment de la création de la source de données. Saisissez les données de la fusion (liste des destinataires du publipostage) en appuyant sur la touche **TAB** pour naviguer de champ en champ. Lorsque vous avez fini de saisir une fiche, cliquez sur **OK** pour valider et sortir de la base de données ou cliquez sur le bouton **Ajouter** pour afficher une nouvelle fiche de saisie.

Pour modifier une fiche de données, cliquez sur le bouton ***Modifier la source de données*** *dans la barre d'outils Fusion et publipostage. Vous n'avez plus qu'à apporter les modifications.*

Fusionner

Avant de lancer la fusion, vous devez indiquer à Word à quel endroit vous souhaitez insérer les données dans la page.

Pour insérer des champs de fusion :

1. Au besoin, cliquez du bouton droit dans une barre d'outils, puis sélectionnez **Publipostage** pour l'afficher. Cliquez à l'endroit où vous souhaitez placer le premier champ de fusion (prénom ou nom en général).
2. Cliquez sur **Insérer un champ de fusion** dans la barre d'outils Fusion et publipostage. Sélectionnez le premier champ à insérer dans la liste qui s'ouvre (voir Figure 4.10).
3. Reprenez ces procédures pour tous les champs que vous souhaitez insérer.

   Vous devez obtenir le type de document qui apparaît dans la Figure 4.11.

Il est préférable, avant de lancer la fusion, de vérifier votre travail. Cliquez sur le bouton **Vérifier la fusion** dans la barre d'outils Fusion et publipostage. Cliquez sur le choix de vérification, puis sur **OK**. Si tout s'est bien passé, Word affiche une boîte de dialogue qui vous informe qu'il n'a trouvé aucune erreur. Cliquez sur **OK**.

Titre
Prénom
Nom
Poste
Société
Adresse1
Adresse2
Ville
État
Code_postal
Pays
TéléphoneDomicile
TéléphoneBureau

Figure 4.10 : Le menu déroulant de la commande Insérer un champ de fusion.

«Titre»·«Prénom»·
«Adresse1»
«Adresse2»
«Ville»

Figure 4.11 : Document principal avec les champs de fusion.

Vous êtes maintenant fin prêt pour lancer la fusion : cliquez sur le bouton **Fusionner** dans la barre d'outils du même nom. Plusieurs options sont proposées pour la fusion dans la zone Fusion vers :

- **Fusionner vers.** Permet de fusionner directement vers un nouveau document, vers votre programme de messagerie électronique ou encore permet d'imprimer les lettres.

- **Enregistrements à fusionner.** Permet de limiter l'impression des lettres aux seuls enregistrements sélectionnés dans la source de données (voir un peu plus loin dans ce chapitre).
- **Lors de la fusion d'enregistrements.** Spécifie à Word s'il doit ou non insérer des lignes vierges dans un champ vide.
- **Options de requête.** Affiche une boîte de dialogue à partir de laquelle vous pouvez trier les lettres fusionnées ou créer des lettres pour un type de personnes spécifiques, sélectionnées parmi les différentes données.

Une fois vos choix définis, cliquez sur le bouton **Fusionner**. Si vous avez lancé la fusion vers l'imprimante, Word imprime les lettres. Si vous avez choisi d'enregistrer la fusion dans un nouveau fichier, les lettres s'affichent dans un nouveau document.

Pour créer une requête, au moment de la fusion, c'est-à-dire effectuer un tri dans les données et n'imprimer ou ne créer que les lettres correspondant à ce critère (par exemple, vous décidez de ne créer que les lettres concernant les habitants de la région Alpes-Côte d'Azur), ouvrez la boîte de dialogue Publipostage et cliquez sur le bouton **Options de requête**. Saisissez les éléments de la requête, puis cliquez sur **OK**. Ensuite, reprenez les procédures indiquées ci-dessus pour lancer la fusion.

Mise en forme automatique avec les styles

Un style est un ensemble de paramètres de mise en forme qui s'applique à un paragraphe ou à un caractère (taille, alignement, attributs, interligne, etc.). Cette fonction permet, lorsque le document contient de nombreuses pages, de ne pas avoir à activer plusieurs fois les options de mise en forme.

Choix d'un style

Word 2000 propose un certain nombre de styles que vous pouvez appliquer aux paragraphes ou aux caractères.

Pour choisir un style :

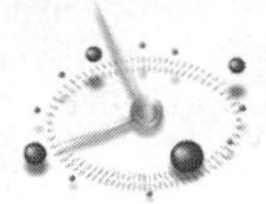

1. Cliquez dans le paragraphe concerné ou sélectionnez les mots désirés. Cliquez sur la flèche du bouton **Style** (voir Figure 4.12).
2. Sélectionnez le style.

   Le paragraphe présente désormais les attributs du style sélectionné, et le bouton **Style** affiche dans sa zone de texte le style actif.

Certains styles ne s'appliquent qu'aux paragraphes, d'autres s'appliquent uniquement aux caractères.

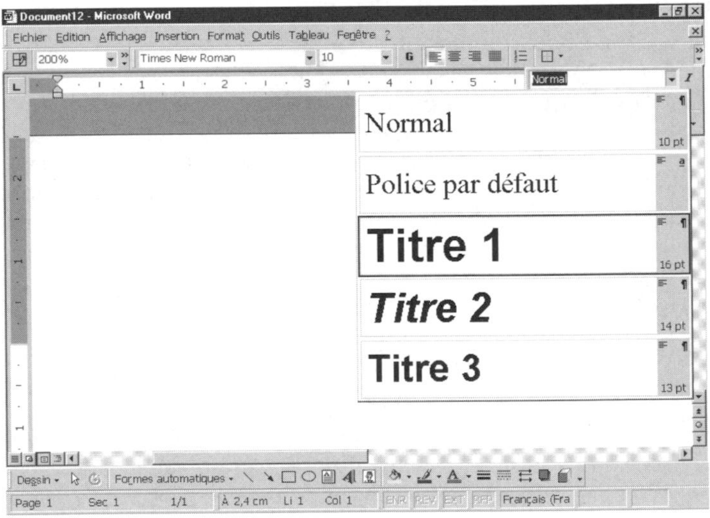

Figure 4.12 : Sélectionnez rapidement un style à l'aide du bouton Style.

Création d'un style

Même si les différents styles proposés par Word sont assez nombreux, il peut arriver qu'aucun ne convienne pour l'un de vos docu-

ments. Vous pouvez alors rapidement créer un style personnel que vous pourrez par la suite affecter à l'ensemble de vos documents.

Pour créer un style, définissez toutes les mises en forme (taille, police, attributs, alignement, retrait, etc.) et cliquez sur la flèche du bouton **Style**. Saisissez le nom et appuyez sur la touche **Entrée**. Le style que vous venez de définir fera désormais partie intégrante des styles de ce document. Pour l'affecter à un autre paragraphe, il suffit de cliquer dans le paragraphe concerné, puis de sélectionner le style de votre choix dans la liste déroulante du bouton **Style**.

Heure 5

Fonctions de base d'Excel

AU SOMMAIRE DE CETTE HEURE

- Premiers pas
- Gestion des feuilles de calcul
- Données
- Gestion des cellules, des lignes et des colonnes
- Aide à la saisie
- Mise en forme

Vous allez découvrir maintenant les fonctions de base d'Excel telles que la saisie des données, la gestion d'un classeur et de ses feuilles de calcul, les fonctions d'aide à la saisie et les différentes procédures de mise en forme.

PREMIERS PAS

Par défaut, lorsque vous lancez Excel, un classeur vierge est affiché. Vous avez vu au cours de la deuxième heure comment ouvrir un classeur existant. Pour ouvrir un nouveau classeur, il suffit de cliquer sur le bouton **Nouveau**.

Ecran

Avant d'aller plus loin, examinons l'écran et ses différents éléments (voir Figure 5.1). C'est à partir de la barre de menus que vous pouvez accéder à toutes les fonctionnalités d'Excel ; les différentes barres d'outils proposent des boutons de raccourcis pour les commandes ou les fonctions les plus courantes. La cellule A1 est entourée d'un cadre noir signifiant qu'elle est sélectionnée.

2000

Microsoft s'est mis à l'heure de l'euro ! Au lancement d'Excel, une barre d'outils appelée EuroValue s'affiche : elle permet de sélectionner des fonctions utilisant l'euro. Si elle ne vous est d'aucune utilité, cliquez sur le bouton **Fermer** (symbolisé par un X) dans la barre de titre.

Classeur et feuille

Un classeur est constitué de feuilles de calcul. Par défaut, le classeur possède trois feuilles de calcul. Les feuilles de calcul sont accessibles grâce aux onglets situés en bas du classeur. Chaque feuille de calcul est constituée de cases appelées "cellules". Celles-ci sont réparties sur un maximum de 256 colonnes, référencées de A à IV, et sur 65 336 lignes, référencées de 1 à 65 336. Chaque cellule porte le nom de l'intersection entre la ligne et la colonne où elle est placée. Par exemple, la cellule A5 se situe à l'intersection de la première colonne et de la cinquième ligne.

GESTION DES FEUILLES DE CALCUL

Nous venons de le voir, les feuilles de calcul constituent l'essentiel du matériel de travail. A ce titre, vous devez savoir parfaitement naviguer entre celles-ci, en ajouter, en supprimer, etc.

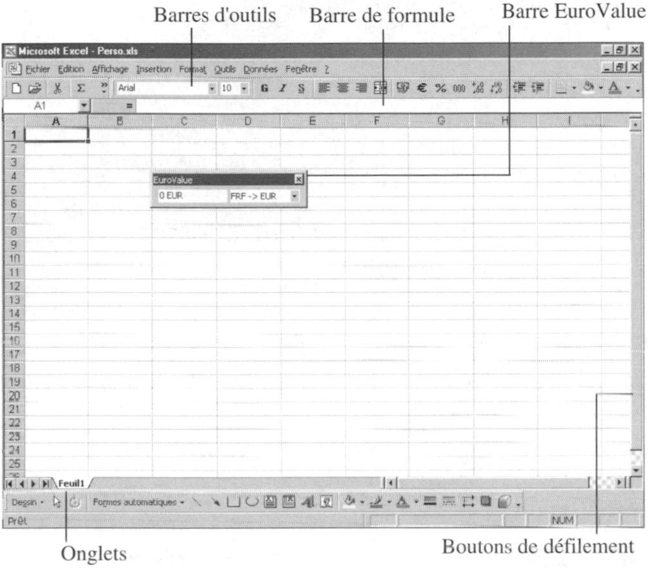

Barres d'outils
Barre de formule
Barre EuroValue
Onglets
Boutons de défilement

Figure 5.1 : Ecran d'Excel.

Naviguer entre les feuilles de calcul

Afin de naviguer entre les feuilles de calcul ou pour en sélectionner une en particulier, vous devez utiliser les onglets situés en bas à gauche de l'écran. Voici quelques astuces pour accélérer le travail :

- Pour naviguer entre les feuilles de calcul, utilisez les boutons de défilement situés à gauche des onglets. Les deux boutons du milieu permettent de reculer ou d'avancer d'un onglet, le bouton de gauche recule au premier onglet et le bouton de droite avance jusqu'au dernier.
- Cliquez du bouton droit sur l'un des boutons de défilement, puis sélectionnez la feuille à afficher (voir Figure 5.2).

- Pour sélectionner plusieurs feuilles de calcul, appuyez sur la touche **Ctrl**, maintenez-la enfoncée, puis cliquez sur l'onglet de chaque feuille à sélectionner.

Figure 5.2 : Sélectionnez la feuille à afficher dans le menu contextuel.

Ajout, suppression, copie et déplacement de feuilles de calcul

Un classeur propose, par défaut, trois feuilles de calcul. Voyons maintenant comment en ajouter, en supprimer, les déplacer, etc.

Pour ajouter une feuille de calcul, cliquez sur l'un des onglets, puis sur **Insertion**, **Feuille**.

Pour supprimer une feuille de calcul, cliquez du bouton droit sur son onglet, puis sélectionnez **Supprimer**. Confirmez la suppression (voir Figure 5.3).

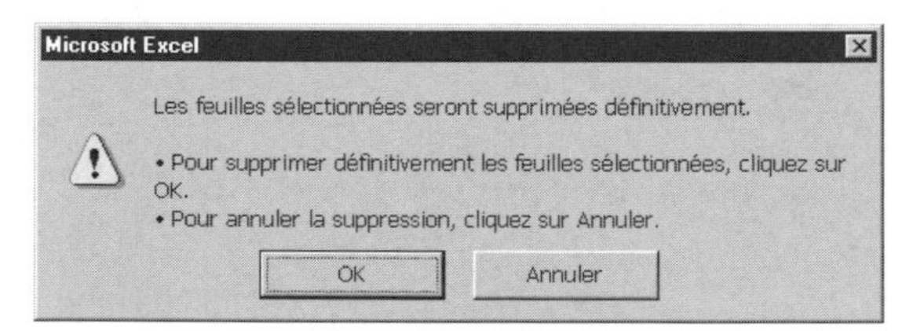

Figure 5.3 : Confirmez la suppression de la feuille de calcul.

Pour déplacer une feuille de calcul dans son classeur, cliquez sur son onglet, puis, tout en maintenant le bouton enfoncé, faites glisser à l'emplacement de votre choix.

Pour effectuer la copie d'une feuille de calcul dans son classeur, cliquez sur son onglet, puis maintenez la touche **Ctrl** enfoncée et faites glisser à l'endroit où vous souhaitez placer la copie.

Pour copier ou déplacer une feuille de calcul dans un autre classeur :

1. Ouvrez les deux classeurs. Cliquez du bouton droit sur l'onglet de la feuille de calcul que vous souhaitez déplacer ou copier. Sélectionnez l'option **Déplacer ou Copier** (voir Figure 5.4).
2. Cliquez sur la flèche de la zone déroulante **Dans le classeur**. Sélectionnez le classeur dans lequel vous souhaitez copier ou déplacer la feuille de calcul sélectionnée.
3. Dans la liste **Avant la feuille**, cliquez sur la feuille devant laquelle vous souhaitez placer le nouvel onglet de la feuille de calcul. Cliquez sur **OK** pour valider votre choix.

Figure 5.4 : Cette boîte de dialogue permet de sélectionner le classeur dans lequel vous souhaitez copier ou déplacer la feuille de calcul.

Masquer et afficher une feuille de calcul

Au cours de vos réalisations, vous voudrez peut-être masquer l'une des feuilles d'un classeur. En effet, si votre PC est connecté à l'intranet de votre société, il est préférable de masquer certaines données.

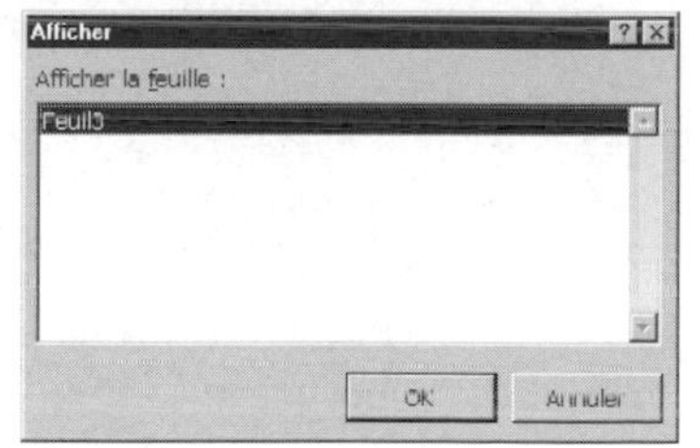

Figure 5.5 : Affichez de nouveau une feuille masquée.

Pour masquer une feuille de calcul, sélectionnez-la et cliquez **Format**, **Feuille**. Sélectionnez **Masquer**.

Pour afficher une feuille masquée, cliquez sur **Format**, **Feuille**. Cliquez sur **Afficher**. Dans la boîte de dialogue (voir Figure 5.5), cliquez sur la feuille que vous souhaitez afficher et cliquez sur **OK**.

Nommer, grouper et dissocier des feuilles de calcul

Pour nommer une feuille de calcul, cliquez du bouton droit sur son onglet, puis sélectionnez **Renommer** (voir Figure 5.6). Saisissez le nouveau nom et tapez sur la touche **Entrée**.

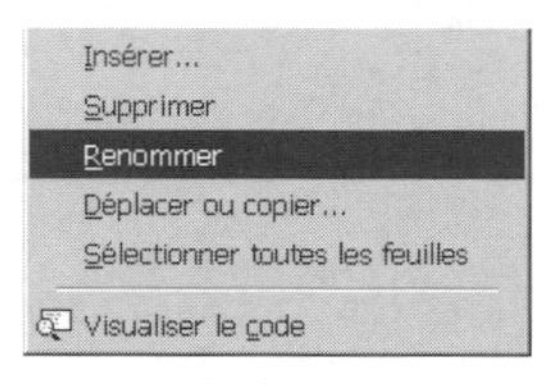

Figure 5.6 : Renommer une feuille de calcul.

Vous pouvez afficher jusqu'à 31 caractères pour le nom de vos feuilles de calcul. Mieux vaut cependant rester sobre : l'onglet prendrait trop de place !

Vous pouvez grouper des feuilles de calcul pour accélérer le travail. En effet, grouper des feuilles de calcul revient à insérer un carbone entre les feuilles : tout ce que vous saisissez et mettez en forme sur la première feuille se reporte sur les autres feuilles du groupe.

Pour grouper plusieurs feuilles de calcul, cliquez sur le premier onglet du groupe, maintenez la touche **Ctrl** enfoncée, puis cliquez sur les autres onglets que vous souhaitez grouper.

Pour dissocier les feuilles de calcul, cliquez sur l'un des onglets non groupés.

Données

Avant de réaliser les calculs souhaités, vous devez saisir les différentes données. Les données que requiert une feuille de calcul sont les nombres, les étiquettes et les formules.

Types de données

Excel permet d'insérer plusieurs types de données (voir Figure 5.7) :

- **Nombres.** Données brutes dont Excel a besoin. Ces nombres se saisissent dans les cellules.
- **Etiquettes.** Libellés de texte que vous saisissez en haut d'une colonne ou au début d'une ligne pour spécifier ce qu'elles contiennent.
- **Formules.** Saisies qui indiquent à Excel quels sont les calculs à effectuer. Par exemple, la formule =A2-A5+B8 indique à Excel qu'il doit additionner les cellules A2 et B8, puis y soustraire la cellule A5.
- **Fonctions.** Formules prédéfinies qui exécutent des calculs un peu plus complets avec un seul opérateur. Par exemple, la fonction Moyenne détermine la moyenne d'un ensemble de valeurs.

Excel différencie l'alignement des cellules en fonction de ce qui y est inséré. Ainsi, un libellé est aligné à gauche dans la cellule qui le contient tandis qu'un nombre est aligné à droite ; de même pour les fonctions, les dates et les formules.

Saisie des données

Pour saisir des données, placez-vous dans la cellule concernée. Un cadre noir apparaît autour de la cellule, indiquant qu'elle est sélectionnée. Dès que vous commencez à saisir les données, elles apparaissent à la fois dans la cellule active et dans la barre de formule (voir Figure 5.8). Cliquez sur la **coche verte** pour valider la saisie et l'insérer dans la cellule (vous pouvez aussi appuyer sur la touche **Entrée**). Cliquez sur l'**X rouge** pour annuler l'entrée (vous pouvez aussi appuyer sur la touche **Echap**).

Si la saisie déborde de la cellule, le contenu en est tronqué s'il s'agit d'un libellé ou alors il s'affiche sous forme de dièse s'il s'agit d'un nombre au moment où vous validez. Pour que la

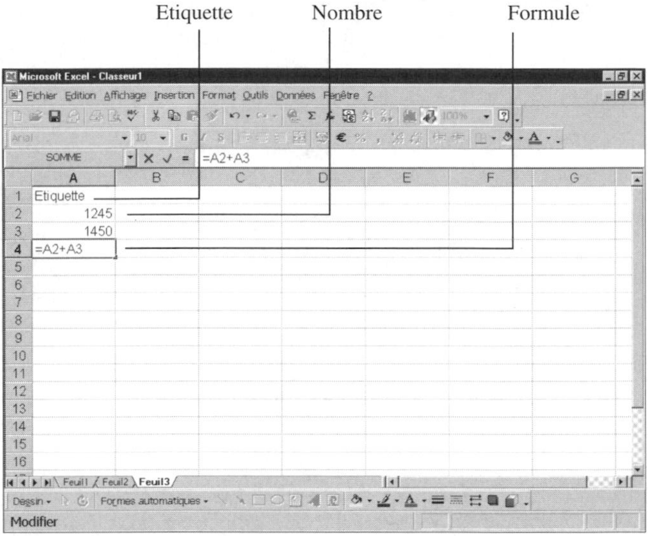

Figure 5.7 : Excel permet d'insérer plusieurs types de données.

Figure 5.8 : La barre de formule permet de valider, d'annuler ou de modifier une saisie.

colonne s'adapte automatiquement au contenu, cliquez sur ***Format*****,** ***Colonne*** *et sélectionnez* ***Ajustement automatique****.*

Pour modifier le contenu de la cellule en cours de saisie, utilisez la touche de retour arrière ou la touche Suppr, puis saisissez la correction. Pour modifier une fois la saisie validée, double-cliquez sur la cellule, puis faites la correction. Vous pouvez aussi cliquer sur la cellule et modifier son contenu dans la barre de formule.

Données particulières

Nous l'avons dit, un libellé est aligné à gauche, une valeur (nombre, fonction ou formule) est alignée à droite. Cependant, il peut arriver lors de vos saisies que vous souhaitiez insérer des chiffres qui doivent être considérés comme un libellé (par exemple un code postal). Dans ce cas, vous devez indiquer à Excel que c'est un libellé en l'alignant à gauche. Avant de commencer la saisie de votre libellé, appuyez sur la touche **apostrophe** (').

En revanche, une date ou une heure, bien qu'étant du texte, doit être considérée comme une valeur puisqu'elle peut servir dans les calculs. Pour insérer des valeurs de date ou d'heure dans une feuille de calcul, saisissez-les sous la forme que vous souhaitez obtenir (voir Tableau 5.1).

Tableau 5.1 : Les différents formats des dates

Saisie	Résultat
JJ/MM	1/1 ou 01/01
JJ/MM/AA	1/1/99 ou 01/01/99
MMM-AA	Janv-99 ou Janvier-99
JJ-MMM-AA	1-Jan-99
JJ-MMM	1 Janvier
JJ Mois AAAA	1 janvier 1999
HH:MM	17:15
HH:MM:SS	10:25:59
JJ/MM/YY HH:MM	25/12/99 13:15

Sélections

Voici les différentes procédures de sélection :

- Pour sélectionner une cellule, cliquez dessus.

- Pour sélectionner une ligne, cliquez sur son numéro dans l'en-tête de lignes.
- Pour sélectionner une colonne, cliquez sur sa lettre dans l'en-tête de colonnes.
- Pour sélectionner toute la feuille de calcul, cliquez sur le bouton grisé à l'intersection de l'en-tête de lignes et de l'en-tête de colonnes.

Plages de cellules

Il arrive souvent que l'on doive sélectionner plusieurs fois le même groupe de cellules. Pour accélérer le travail, vous pouvez créer une plage de cellules :

- Pour une plage avec cellules en continu, cliquez sur la première cellule, puis faites glisser la souris jusqu'à la dernière cellule de la plage.
- Pour une plage avec cellules discontinues, cliquez sur la première cellule, maintenez la touche **Ctrl** enfoncée, cliquez sur la deuxième cellule, etc.

Pour nommer une plage :

1. Après avoir sélectionné la plage, cliquez sur la zone de référence (partie gauche de la barre de formule) [voir Figure 5.9]. Saisissez le nom en respectant les impératifs suivants :
   - Le nom de la plage doit commencer par une lettre ou un tiret de soulignement.
   - Le nom de la plage ne doit pas être la référence d'une cellule quelconque.
   - N'utilisez pas d'espace entre les caractères ou les chiffres.
   - Utilisez le tiret de soulignement pour séparer deux mots.
   - Saisissez un maximum de 255 caractères.
2. Appuyez sur la touche **Entrée**.

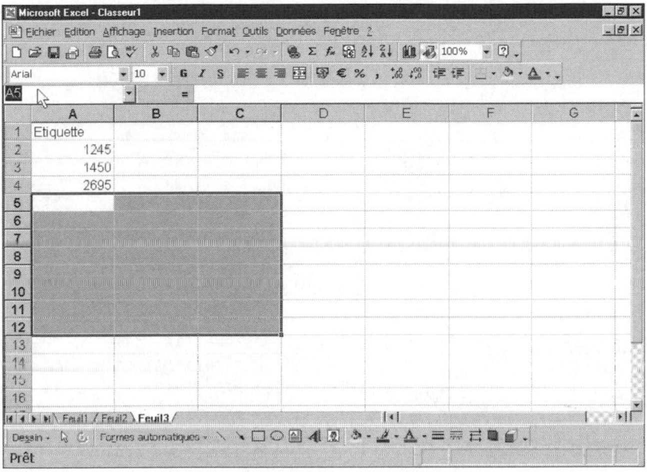

Figure 5.9 : Nommez la plage de cellules dans la zone de référence.

Une fois votre plage nommée, il suffit, pour la sélectionner, de cliquer sur **Edition**, **Atteindre** et d'indiquer la plage voulue (voir Figure 5.10).

Figure 5.10 : Rechercher une plage de cellules.

Gestion des cellules, des lignes et des colonnes

Au cours de la saisie, il est parfois nécessaire d'insérer ou de supprimer des cellules, des lignes et des colonnes.

Pour insérer une cellule, une ligne ou une colonne, cliquez du bouton droit sur la cellule placée avant ou après l'endroit où vous souhaitez insérer le nouvel élément, puis sélectionnez **Insérer** (voir Figure 5.11). Cliquez sur le choix à activer (**Décaler les cellules vers la droite** ou **Décaler les cellules vers le bas**). Cliquez sur **OK**.

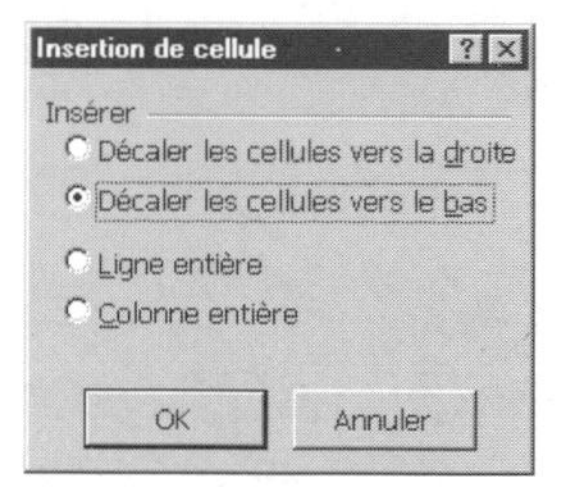

Figure 5.11 : La boîte de dialogue Insertion de cellule permet de définir ce que vous souhaitez insérer.

Pour supprimer une ou plusieurs cellules, lignes ou colonnes vierges, et ce après les avoir sélectionnées, cliquez du bouton droit sur la sélection, puis sélectionnez **Supprimer**. Vous pouvez aussi cliquer sur **Edition**, **Supprimer** (voir Figure 5.12). Sélectionnez le choix voulu dans la liste, puis cliquez sur **OK**.

Figure 5.12 : Sélectionnez le choix de suppression dans la boîte de dialogue Supprimer.

Pour supprimer seulement le texte ou les valeurs d'une ou plusieurs cellules, et ce après les avoir sélectionnées, appuyez sur la touche **Suppr**. Les cellules sont maintenues, mais leur contenu disparaît. En revanche, lorsque vous souhaitez supprimer le contenu des formules, mais pas le format ou le commentaire, etc., et ce après les avoir sélectionnées, cliquez sur **Edition**, **Effacer**, puis sélectionnez l'option adéquate dans le menu en cascade.

Sachez que :

- **Contenu.** Efface le texte de la cellule.
- **Format.** Efface la mise en forme, mais conserve le texte existant.
- **Commentaire.** Supprime le commentaire.
- **Tout.** Supprime l'ensemble des choix définis ci-dessus.

AIDES A LA SAISIE

Excel propose plusieurs fonctions d'aide à la saisie qui permettent d'accélérer le travail.

Recopier

Lorsque vous devez insérer dans plusieurs cellules la même étiquette, la même valeur ou encore la même date, utilisez la fonction Recopier.

Pour recopier une valeur, une date ou une étiquette dans la même feuille de calcul :

1. Faites glisser votre souris sur la cellule qui contient l'entrée à recopier, puis sur celles vers lesquelles vous voulez appliquer la recopie. Cliquez sur **Edition**, **Recopier**.
2. Sélectionnez la direction pour la recopie (**En bas**, **A droite**, **En haut**, **A gauche**) [voir Figure 5.13].

   Excel recopie le contenu de la première cellule dans les cellules sélectionnées.

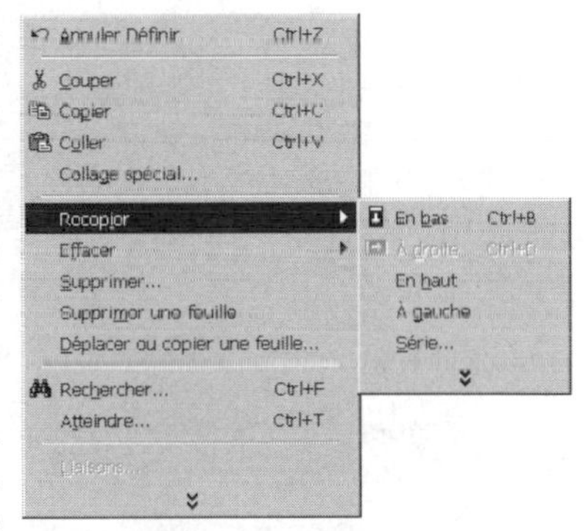

Figure 5.13 : La commande Recopier.

*Pour copier une ou plusieurs cellules, vous pouvez aussi utiliser les boutons **Copier**, **Coller** ou **Couper** de la barre d'outils Standard.*

Poignée de recopie

Pour recopier une cellule, vous pouvez aussi utiliser la poignée de recopie (voir Figure 5.14). Avant d'utiliser cette poignée, prenez connaissance de ses différentes utilisations.

- Une poignée de recopie apparaît dans l'en-tête de la ligne lorsque vous la sélectionnez. Faites-la glisser pour recopier le contenu de la ligne. Reprenez cette procédure dans l'en-tête d'une colonne pour recopier toute la colonne.
- Pour insérer des colonnes, des lignes ou encore des cellules vierges, appuyez sur la touche **Maj**, puis faites glisser la poignée de recopie.
- Faites glisser la poignée de recopie avec le bouton droit pour afficher son menu contextuel.

4145

Figure 5.14 : La poignée de recopie d'une cellule.

Pour utiliser la poignée de recopie d'une cellule, cliquez sur la cellule concernée : un petit carré s'affiche dans l'angle inférieur droit, c'est la poignée de recopie. Cliquez dessus, puis faites-la glisser sur les cellules à remplir.

Selon le contenu de la cellule, Excel va recopier de différentes façons :

- La cellule contient une valeur numérique : Excel recopie cette valeur.
- La cellule contient, par exemple, un mois : Excel insérera le mois qui suit le mois copié.

Cette fonction correspond à l'insertion d'une série. Excel propose plusieurs séries intégrées qu'il utilise pour la recopie automatique. Vous pouvez créer vos propres séries de recopie.

Pour créer une série de recopie automatique :

1. Cliquez sur **Outils**, **Options**, puis sur l'onglet **Listes pers**. Au besoin, cliquez sur **Nouveau** dans la liste de gauche. Saisissez la nouvelle liste et cliquez sur le bouton **Ajouter**.
2. Cliquez sur **OK** pour valider votre série automatique.

MISE EN FORME

Excel propose de multiples possibilités pour la mise en forme d'un tableau. Ce sont les mêmes attributs (gras, police, italique, etc.) que ceux qui sont proposés dans Word. Référez-vous à la seconde partie de cet ouvrage pour en prendre connaissance. Vous trouverez ci-dessous les mises en forme spécifiques à Excel.

Mise en forme automatique

Pour utiliser la mise en forme automatique :

1. Sélectionnez le tableau. Cliquez sur **Format**, **Mise en forme automatique** (voir Figure 5.15).
2. Sélectionnez la mise en forme dans la liste **Format du tableau**.
3. Si vous souhaitez modifier l'un des attributs de mise en forme prédéfinie, cliquez sur la case concernée dans la zone **Options**, puis faites vos modifications et cliquez sur **OK**. De nouveau, cliquez sur **OK** pour valider le format sélectionné.

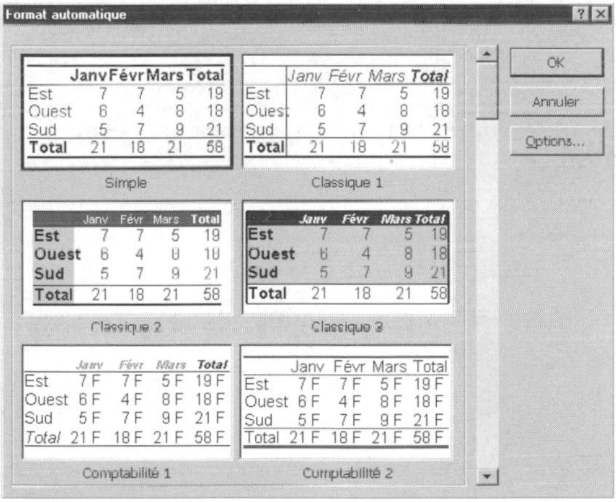

Figure 5.15 : Choisissez une mise en forme automatique.

Mise en forme conditionnelle

La mise en forme conditionnelle permet d'appliquer une mise en forme en fonction de certains critères. Par exemple, vous souhaitez que la cellule contenant le bénéfice s'affiche dans une couleur différente si le montant est négatif. Ce qui vous permet de visualiser rapidement "l'étendue des désastres".

Pour créer une mise en forme conditionnelle :

1. Sélectionnez la cellule concernée. Cliquez sur **Format**, **Mise en forme conditionnelle**.
2. Dans la deuxième option de la zone **Condition 1**, sélectionnez le paramètre à activer.
3. Dans la troisième option de la zone **Condition 1**, saisissez la valeur. Cliquez sur le bouton **Format**.
4. Dans l'option **Couleur**, sélectionnez la couleur, puis cliquez sur **OK** (voir Figure 5.16). Cliquez sur **OK**.

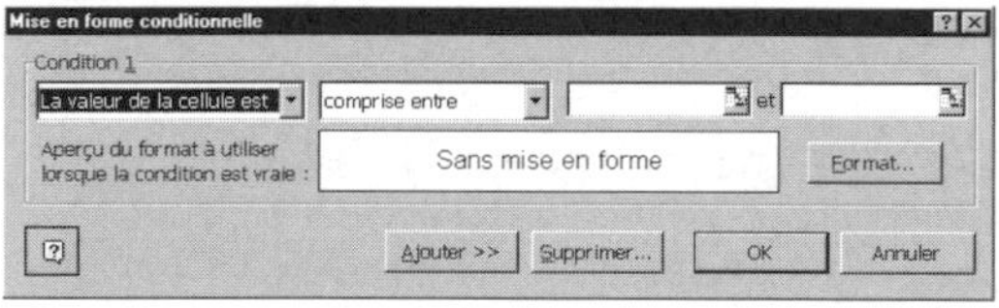

Figure 5.16 : Définissez une mise en forme conditionnelle pour certaines cellules.

Heure 6

Fonctions avancées d'Excel

AU SOMMAIRE DE CETTE HEURE

- Formules
- Fonctions
- Scénarios
- Trier et filtrer les données
- Audit
- Représentation graphique des données

Nous allons utiliser ici les fonctions avancées d'Excel telles que la création de formules, l'utilisation des fonctions, le tri des données, etc.

FORMULES

Une formule permet d'exécuter une opération arithmétique simple comme une addition ou une soustraction en utilisant les différentes données de la feuille de calcul.

Avant de commencer, prenez connaissance des différents opérateurs utilisés et de leur priorité d'utilisation :

- toutes les opérations entre parenthèses ;
- élévation à une puissance ;
- multiplication et division ;
- addition et soustraction.

Retenez bien cet ordre de priorité et tenez-en toujours compte lorsque vous créez des formules de calcul, sinon vous risquez d'obtenir des résultats erronés.

Voici maintenant les modalités de création :

- La formule est insérée dans la cellule qui doit contenir le résultat.
- Une formule commence toujours par le signe égal =.
- Une formule utilise la référence de chaque cellule qu'elle doit comptabiliser pour effectuer le calcul. Par exemple : =A1–B5.
- Une formule peut utiliser des nombres. Par exemple : =4*5.
- Une formule utilise un ou tous les symboles suivants : + pour additionner, – pour soustraire, * pour multiplier, / pour diviser et Exposant pour indiquer une puissance.

Création de formules

Pour créer une formule en utilisant des nombres :

1. Sélectionnez la cellule dans laquelle doit s'afficher le résultat de la formule. Appuyez sur la touche =, puis saisissez la formule.
2. Appuyez sur la touche **Entrée** pour valider la formule ou cliquez sur la **coche verte** dans la barre de formule. Excel calcule le résultat et l'affiche dans la cellule sélectionnée au départ.

Pour saisir une formule en utilisant les références de cellules :

1. Sélectionnez la cellule dans laquelle doit s'afficher le résultat. Appuyez sur la touche =.
2. Cliquez sur la première cellule de référence de la formule et tapez l'opérateur arithmétique. Cliquez dans la seconde cellule de référence, etc. Reprenez ces procédures pour chaque cellule de la formule.
3. Lorsque vous avez terminé, appuyez sur la touche **Entrée** pour valider la formule (voir Figure 6.1) ou cliquez sur la **coche verte** dans la barre de formule.

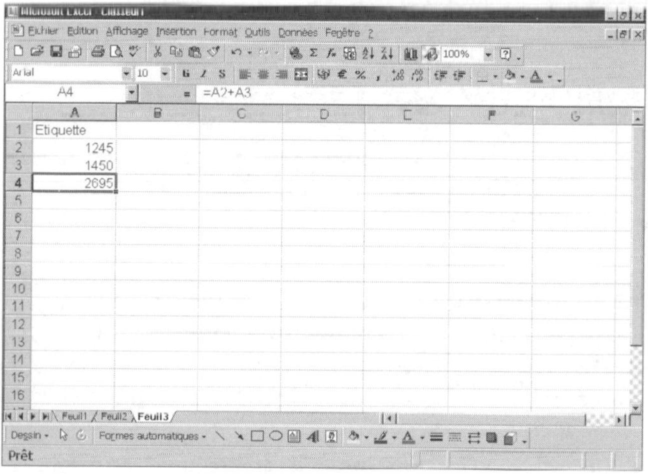

Figure 6.1 : Une formule dans Excel.

Au fur et à mesure de la création des formules, Excel effectue les calculs et les inscrit dans les cellules appropriées.

*Le calcul automatique, au fur et à mesure de la création des formules, ralentit l'élaboration de la feuille de calcul. Si vous souhaitez le désactiver, cliquez sur **Outils**, **Options**, puis sur*

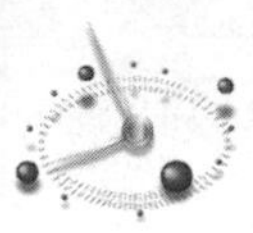

*l'onglet **Calcul** et enfin sur l'option **Sur ordre** (voir Figure 6.2). Validez par **OK**.*

Figure 6.2 : Désactivez le calcul automatique.

Convertir en euros

Conscients des difficultés que vont rencontrer les Européens lors du passage définitif à l'euro, les concepteurs d'Office 2000 ont mis au point un outil qui permet de convertir rapidement une monnaie en euro.

Pour utiliser le convertisseur euro, dans la cellule concernée, cliquez sur **Outils**, **Convertisseur euro** (voir Figure 6.3). Validez la conversion et cliquez sur **OK**.

Copies et déplacements de formules

Lorsque vous copiez une formule d'un point à un autre de la feuille de calcul, Excel ajuste les références en fonction du nouvel emplacement. Par exemple, lorsque vous copiez la cellule C11 contenant la formule =SOMME(C4:C10) et que vous l'insérez en D11, elle affiche =SOMME(D4:D10). Si vous ne voulez pas qu'Excel adapte les références et conserve les références de cellules de départ, vous devez lui indiquer que les cellules de références sont fixes et ne peuvent être modifiées. Vous devez alors marquer chaque cellule de référence en tant que référence absolue. Appuyez sur la touche F4 immédiatement après avoir tapé la référence. Un symbole dollar s'affiche devant la lettre et le numéro de la référence (par exemple D11).

Figure 6.3 : Convertissez rapidement vos calculs en euros.

Si vous redoutez d'utiliser la touche de fonction F4, saisissez vous-même le signe $ devant chaque lettre ou numéro de référence.

FONCTIONS

Excel propose un certain nombre de fonctions prédéfinies. Elles sont à votre disposition pour exécuter une série d'opérations portant sur plusieurs valeurs ou sur une plage de valeurs. Par exemple, pour calculer le chiffre d'affaires moyen d'un trimestre, vous pouvez utiliser la fonction @MOYENNE(A6:D6).

Chaque fonction contient trois éléments distincts :

- Le signe @ marque le début d'une formule. Cependant, si vous saisissez le signe =, Excel le remplacera automatiquement par @.
- Le nom de la fonction, MOYENNE dans notre exemple, indique le type d'opération à effectuer.

- L'argument, A6:D6 dans notre exemple, indique les références des cellules sur les valeurs desquelles doit agir la fonction. L'argument est souvent une plage de cellules. Parfois, c'est un taux d'intérêt, un ordre de tri, etc.

Assistant Fonction

S'il est exact que vous pouvez saisir vous-même les fonctions ainsi que leurs arguments, Excel a bien compris que cela pouvait être rébarbatif. Pour vous faciliter la tâche, l'Assistant Fonction vous assistera et accélérera la création des fonctions.

Pour utiliser l'Assistant Fonction :

1. Cliquez sur la cellule dans laquelle vous souhaitez insérer la fonction. Cliquez sur **Insertion**, **Fonction** (voir Figure 6.4).
2. Sélectionnez la catégorie de fonctions de votre choix dans la liste **Catégorie de fonctions**. Sélectionnez une fonction dans la liste **Nom de la fonction**. Une description textuelle de la fonction sélectionnée s'affiche dans le bas de la boîte. Cliquez sur **OK** pour valider votre fonction. Une boîte de dialogue s'affiche en rapport avec la fonction sélectionnée.
3. Remplissez les différentes options en tenant compte des instructions affichées dans le bas de la boîte. Cliquez sur **OK** ou appuyez sur la touche **Entrée**. Excel insère la fonction ainsi que son argument dans la cellule sélectionnée et y affiche le résultat.

Saisie automatique

Au cours de l'élaboration d'une feuille de calcul, l'une des fonctions les plus fréquemment utilisées est la réalisation d'un total.

Σ Pour obtenir rapidement le total d'une ligne ou d'une colonne, cliquez sur la cellule placée à l'extrémité de la ligne ou de la colonne. Cliquez sur le bouton **Somme automatique**. Dans la cellule, la plage de la colonne ou de la ligne s'affiche. Appuyez sur la touche **Entrée** ou cliquez sur la **coche verte** pour valider (voir Figure 6.5).

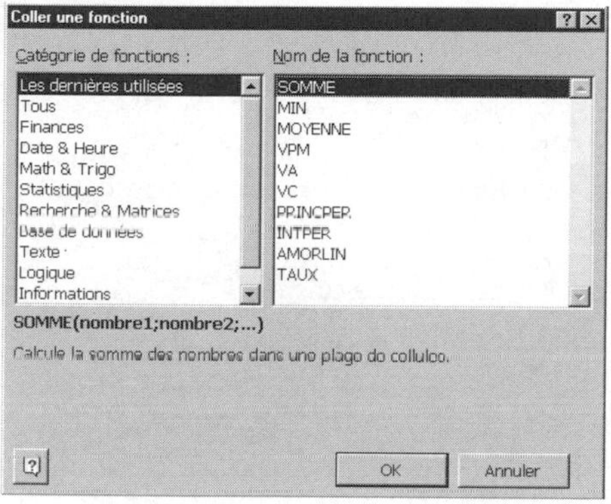

Figure 6.4 : Utilisez l'Assistant Fonction pour créer rapidement vos fonctions.

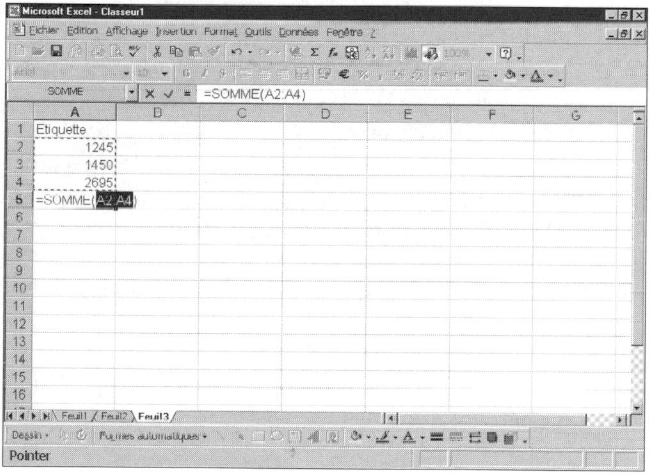

Figure 6.5 : Le bouton Somme automatique permet d'additionner rapidement le contenu d'une colonne ou d'une ligne.

Lorsque vous utilisez la fonction Somme automatique, la plage de cellules que vous souhaitez additionner ne doit contenir aucune cellule vierge.

SCÉNARIOS

Les scénarios permettent de créer des calculs en fonction de différents jeux de valeurs et de déterminer ainsi les effets de ceux-ci sur les résultats. Prenons un exemple précis : vous êtes écrivain (hum) et vous souhaitez simuler vos droits d'auteur selon que vous vendiez 5 000, 10 000 ou... 500 exemplaires.

Créer un scénario

Vous pouvez créer un scénario en quelques clics :

1. Dans la feuille de calcul, cliquez sur **Outils**, **Gestionnaire de scénarios**. Le Gestionnaire de scénarios s'affiche et indique que la feuille de calcul ne contient aucun scénario. Cliquez sur le bouton **Ajouter** (voir Figure 6.6).
2. Nommez le scénario dans la zone appropriée. Cliquez dans l'option **Cellules variables**.
3. Dans la feuille de calcul, cliquez sur la cellule devant contenir le scénario (dans notre exemple, la cellule qui contient le total des ventes). Si vous souhaitez modifier plusieurs cellules en fonction du scénario, sélectionnez chacune d'elles en les séparant par un point-virgule. Cliquez sur **OK** pour valider vos cellules. La boîte de dialogue Valeurs de scénario affiche les valeurs présentes dans les cellules à modifier.
4. Saisissez les valeurs à utiliser pour le scénario, puis cliquez sur **OK**. Pour notre exemple, vous devriez saisir 500 et 5 000. Le Gestionnaire de scénarios affiche le nom du scénario que vous venez de créer.
5. Pour afficher le résultat d'un des scénarios, cliquez sur son nom, puis sur le bouton **Afficher**.

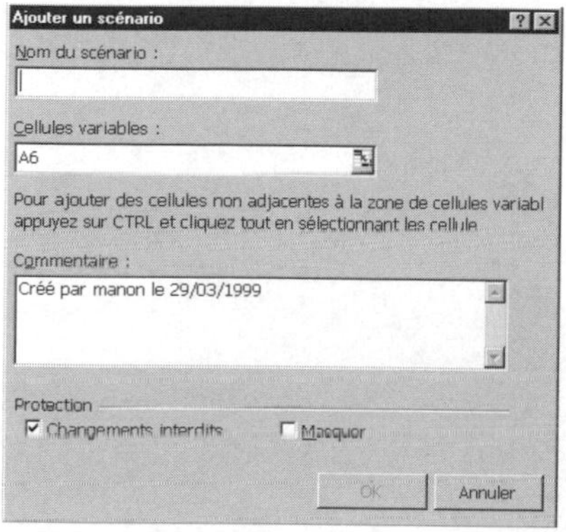

Figure 6.6 : La boîte de dialogue Ajouter un scénario permet de créer un scénario dans une cellule précise.

TRIER ET FILTRER LES DONNÉES

Une fois que vous avez terminé d'insérer les fonctions et les formules, vous pouvez utiliser certains outils d'Excel qui permettent de gérer, trier et filtrer les données.

Tri des données

Lorsque vous saisissez les données, il est rare que vous l'ayez fait en tenant compte de certains critères. Vous devez donc procéder à un tri de la manière suivante.

1. Sélectionnez le bloc de cellules que vous souhaitez trier. Cliquez sur **Données**, **Trier** (voir Figure 6.7). Sélectionnez le critère de tri dans la zone **Trier par**.
2. Sélectionnez éventuellement un deuxième critère de tri dans la zone **Puis par**. Cliquez sur l'option correspondant à votre choix en regard de chaque critère (**Décroissant** ou **Croissant**).
3. Indiquez si le tableau contient ou non un en-tête dans la zone **Ligne de titres**. Cliquez sur **OK**.

*Pour trier rapidement une colonne, vous pouvez utiliser les boutons **Tri croissant** ou **Tri décroissant** dans la barre d'outils Standard.*

Trier
Trier par
Etiquette
Croissant
Décroissant
Puis par
Croissant
Décroissant
Puis par
Croissant
Décroissant
Ligne de titres
Oui
Non
Options...
OK
Annuler

Figure 6.7 : Indiquez les critères de tri dans la boîte de dialogue Trier.

Filtrer les données

Lorsque la feuille de calcul contient de nombreuses lignes ou colonnes, vous n'avez qu'un petit aperçu de celles-ci à l'écran. Pour accéder à une donnée précise, vous pouvez utiliser la fonction Rechercher (voir Partie I, Chapitres 1 et 2), mais cette fonction, quelque peu complexe pour ce type de recherche, ne permet d'accéder qu'à une donnée particulière. La fonction Filtre permet d'accéder en quelques secondes à n'importe quelle donnée.

Vous ne pouvez pas utiliser la fonction Filtre si le tableau ne contient pas de titre de colonne.

Pour créer un filtre automatique :

1. Cliquez dans l'une des cellules, puis sur **Données**, **Filtre**, **Filtre automatique**. Chaque en-tête de colonnes affiche une flèche (voir Figure 6.8).

2. Pour faire un tri, cliquez sur la flèche d'un des en-têtes, puis sélectionnez le critère de filtre à utiliser. Excel affiche en bleu les numéros de lignes ainsi que les flèches des en-têtes de données filtrées.

	A	B	C	D	E	F
1	Ouvrages réalisés	Date	Montant	Vente		

Figure 6.8 : Les en-têtes de colonnes affichent des flèches permettant de sélectionner le filtre de votre choix.

Pour supprimer un filtre, cliquez sur la flèche de l'en-tête concerné, puis sur ***Tous***

Pour personnaliser le filtre :

1. Cliquez sur la flèche de l'en-tête dont vous souhaitez personnaliser le tri, puis sélectionnez **Personnalisé** (voir Figure 6.9).
2. Définissez le premier critère de filtre dans la zone portant le nom de la colonne, puis définissez éventuellement le deuxième critère de filtre après avoir coché l'option appropriée (**et**, **ou**). Saisissez la cellule, la date, la ville, le client, etc., puis cliquez sur **OK**.

Filtre automatique personnalisé

Afficher les lignes dans lesquelles :

Ouvrages réalisés

égal

Et Ou

OK

Annuler

Utilisez ? pour représenter un caractère

Utilisez * pour représenter une série de caractères

Figure 6.9 : Personnalisez le filtre de la feuille de calcul.

Pour désactiver un filtre automatique, cliquez sur ***Données, Filtre, Filtre automatique***.

AUDIT

Excel propose plusieurs outils d'audit qui permettent de vérifier les dépendances des cellules entre elles et d'éviter ainsi toute erreur. Une fois que vous avez utilisé les différents boutons d'audit proposés dans la barre d'outils du même nom, vous avez la garantie de l'exactitude des résultats obtenus.

Pour effectuer un audit :

1. Cliquez sur **Outils**, **Audit** (voir Figure 6.10).
2. Sélectionnez le type d'audit à réaliser.

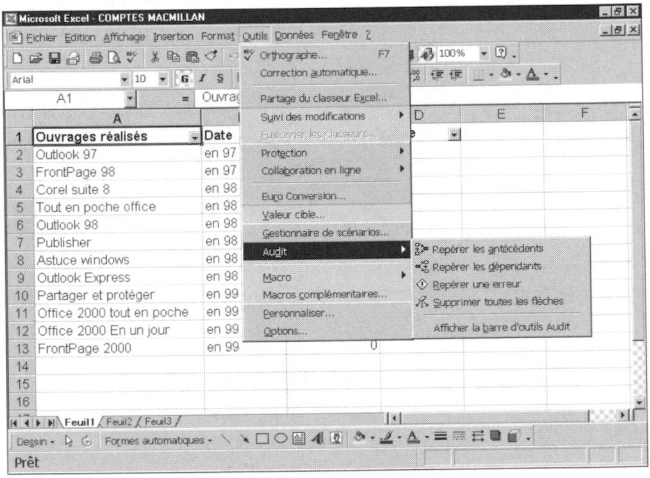

Figure 6.10 : Sélectionnez le type d'audit à réaliser.

Pour effectuer les différentes vérifications, et ce après avoir cliqué sur la cellule dont vous souhaitez vérifier les interdépendances, cliquez sur le bouton correspondant à la vérification que vous voulez utiliser dans la barre d'outils Audit.

Création d'un graphique

Afin de vous faciliter la tâche lors de la création d'un graphique, Excel met à votre disposition un Assistant.

Pour lancer l'Assistant Graphique :

1. Après avoir sélectionné les données que vous souhaitez faire apparaître dans le graphique, cliquez sur le bouton **Assistant Graphique.**

   L'Assistant Graphique propose quatre étapes pour la création du graphique :

   – **La liste Type de graphique.** Répertorie les différents graphiques que vous pouvez réaliser.

   – **La liste Sous-type de graphique.** Affiche les sous-types disponibles pour le type de graphique sélectionné. La description textuelle du sous-type sélectionné s'affiche au-dessous de cette liste.

2. Cliquez sur le type de graphique à activer. Cliquez sur le sous-type de graphique. Le bouton **Maintenir appuyé pour visionner** permet, en cliquant dessus et en le maintenant enfoncé, de visualiser le graphique que vous êtes en train de créer. Cliquez sur le bouton **Suivant** (voir Figure 6.12).

   – **L'onglet Plage de données.** Permet de modifier la plage sélectionnée auparavant et de spécifier l'emplacement des données.

   – **L'onglet Série.** Permet de modifier, d'ajouter ou de supprimer une série.

3. Après avoir fait les modifications, cliquez sur le bouton **Suivant.** Cette étape permet de paramétrer un ou plusieurs éléments du graphique. Elle propose plusieurs onglets à partir desquels vous pourrez faire les modifications : titre du graphique, afficher la table des données, axe des abscisses, ajouter une légende, entrer des étiquettes de données, etc. (voir Figure 6.13).

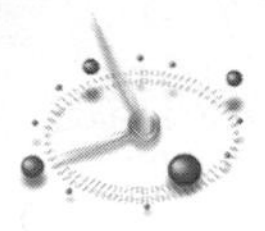

Figure 6.11 : Première étape de l'Assistant Graphique : vous choisissez le type et le sous-type.

4. Après avoir effectué les modifications dans les différents onglets, cliquez sur le bouton **Suivant**. Cette ultime étape permet de préciser à quel endroit vous souhaitez insérer le graphique (voir Figure 6.14).

   – **L'option Sur une nouvelle feuille.** Permet d'ajouter une feuille graphique au classeur. Si vous choisissez cette option, pensez à saisir le nom de la nouvelle feuille.

   – **L'option En tant qu'objet dans.** Permet d'insérer le graphique dans la feuille de calcul où vous avez sélectionné les données. Il s'agit alors d'un objet incorporé, mais indépendant. Vous pouvez aisément le déplacer ou le redimensionner, car il n'est pas lié aux cellules de la feuille.

5. Une fois ces options déterminées, cliquez sur le bouton **Fin**.

Selon les options de la quatrième étape, le graphique s'insère dans une feuille graphique ou dans la feuille de calcul active.

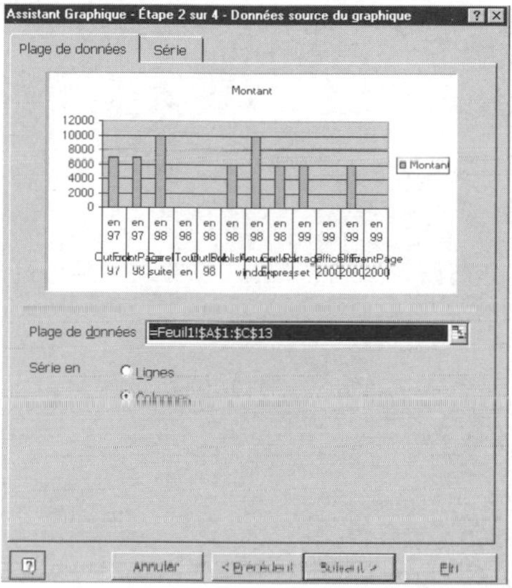

Figure 6.12 : Deuxième étape de l'Assistant Graphique : vous modifiez la plage des données et les séries.

Pour sélectionner un graphique, cliquez dessus. Excel affiche autour du graphique de petits carrés nommés *poignées*.

Pour déplacer le graphique, cliquez dans le graphique puis, tout en maintenant le bouton enfoncé, faites-le glisser à l'endroit où vous souhaitez le placer et lâchez le bouton de la souris.

Pour diminuer ou agrandir un graphique, cliquez sur l'une des poignées, puis faites glisser dans le sens voulu.

Modifications d'un graphique

Excel propose de multiples options pour contrôler l'aspect et le fonctionnement d'un graphique. Pour modifier un graphique, Excel met à votre disposition plusieurs outils :

- **Menu Graphique.** Accessible lorsque le graphique est sélectionné. Il propose des options permettant de modifier le type, de sélectionner d'autres données, d'en ajouter, etc.

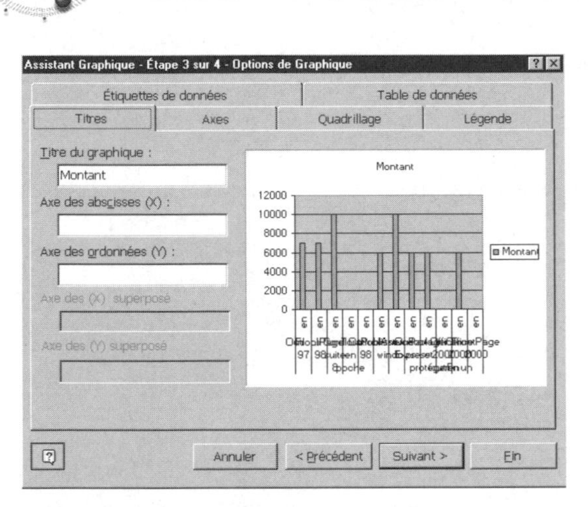

Figure 6.13 : Troisième étape de l'Assistant Graphique : vous choisissez une légende, l'affichage de la table des données, la modification des étiquettes des données, etc.

Figure 6.14 : Quatrième étape de l'Assistant Graphique : vous choisissez l'endroit où insérer le graphique.

- **Menu contextuel.** Accessible à partir d'un clic du bouton droit sur n'importe quel objet du graphique.
- **Barre d'outils Graphique.** Permet de modifier le format, les objets, le type, la légende, d'afficher la table de données, etc. (voir Tableau 6.1).

Effectuez les modifications voulues à l'aide des différents boutons.

Tableau 6.1 : Les boutons de la barre d'outils Graphique

Bouton	Action
 Légende	Affiche la liste des éléments composant le graphique. En cliquant sur l'élément de votre choixdans cette liste, vous le sélectionnez.
	Ouvre une boîte de dialogue proposant des mises en forme applicables à l'élément que vous avez sélectionné.
	Choisit un autre type de graphique.
	Affiche ou masque une légende.
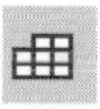	Active ou désactive la table de données dans laquelle s'affichent les données traitées dans le graphique.
	Représente les données sélectionnées en ligne.
	Représente les données sélectionnées en colonne.
	Incline les étiquettes des entrées vers le bas, de gauche à droite.
	Incline les étiquettes des entrées vers le haut, de gauche à droite.

Heure 7

Fonctions de base de PowerPoint

Au sommaire de cette heure

- Premiers pas
- Modes d'affichage
- Nouvelle présentation
- Texte
- Harmonisation
- Mise en forme des diapositives
- Images

Au cours de cette heure, vous allez étudier les fonctions de base de PowerPoint telles que l'ouverture d'une nouvelle présentation, la mise en forme, etc.

PREMIERS PAS

Dès que vous lancez le logiciel, la boîte de dialogue PowerPoint s'affiche (voir Figure 7.1). A partir de cette boîte, vous pouvez choisir un certain nombre d'options :

- **Assistant Sommaire automatique.** Permet de lancer un Assistant qui, au travers de différentes étapes, permet de créer rapidement une présentation.
- **Modèle de conception.** Permet de sélectionner un thème, un arrière-plan, une présentation prédéfinie, des choix d'animation, etc.
- **Nouvelle présentation.** Permet d'ouvrir une présentation vierge.
- **Ouvrir une présentation existante.** Permet d'afficher une présentation déjà créée.

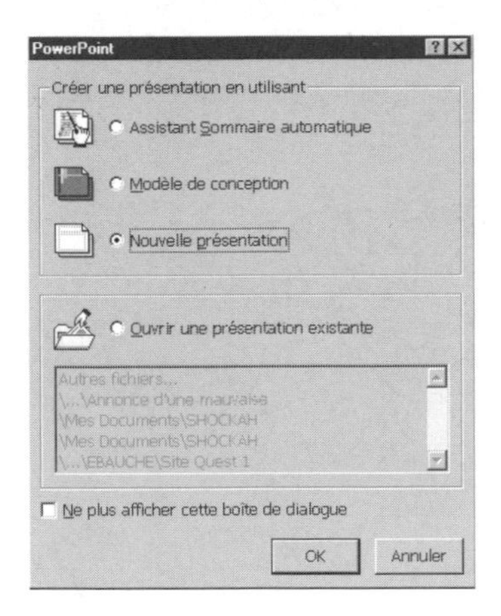

Figure 7.1 : La boîte de dialogue PowerPoint permet de choisir le mode de création de la présentation.

*Si la boîte PowerPoint ne s'est pas affichée, cliquez sur **Outils**, **Options**. Cliquez au besoin sur l'onglet **Affichage**. Cochez l'option **Boîte de dialogue PowerPoint** pour l'activer, puis cliquez sur **OK** pour valider.*

Convertir une présentation

Vous pouvez ouvrir une présentation créée dans un autre logiciel de PréAO. Cliquez sur le bouton **Ouvrir** dans la barre d'outils Standard. Dans la zone Type, sélectionnez le logiciel dans lequel la présentation recherchée a été créée. Double-cliquez sur celle-ci dans la liste qui s'affiche. PowerPoint convertit automatiquement la présentation afin qu'elle puisse être modifiée.

Appliquer un modèle

Vous pouvez renoncer à une mise en forme en l'échangeant avec un modèle prédéfini.

Pour appliquer un modèle à une présentation déjà créée :

1. Cliquez sur **Format**, **Appliquer un modèle de conception** (voir Figure 7.2).
2. Sélectionnez un modèle, puis cliquez sur **Appliquer**

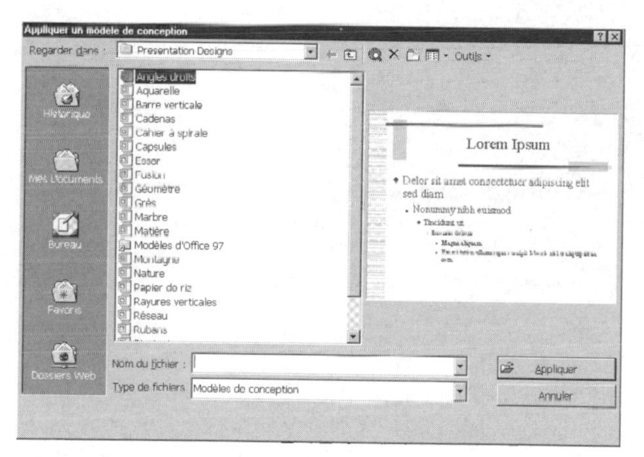

Figure 7.2 : Choisissez un modèle pour une présentation déjà créée.

Assistant Sommaire automatique

Lorsque vous souhaitez réaliser rapidement une présentation, utilisez l'Assistant Sommaire automatique :

1. Cliquez sur **Assistant Sommaire automatique** dans la boîte de dialogue PowerPoint. Si cette boîte de dialogue n'est pas active, cliquez sur **Fichier**, **Nouveau**. Cliquez sur l'onglet **Présentations**. Double-cliquez sur l'icône **Assistant Sommaire automatique**. Dans la première étape de l'Assistant, cliquez sur **Suivant**.
2. Dans la deuxième étape (voir Figure 7.3), vous devez sélectionner le type de la présentation. PowerPoint propose plusieurs thèmes génériques couvrant de nombreux besoins professionnels. Sélectionnez le type dans la liste de gauche, puis cliquez sur le sujet dans la liste de droite. Cliquez sur **Suivant**.

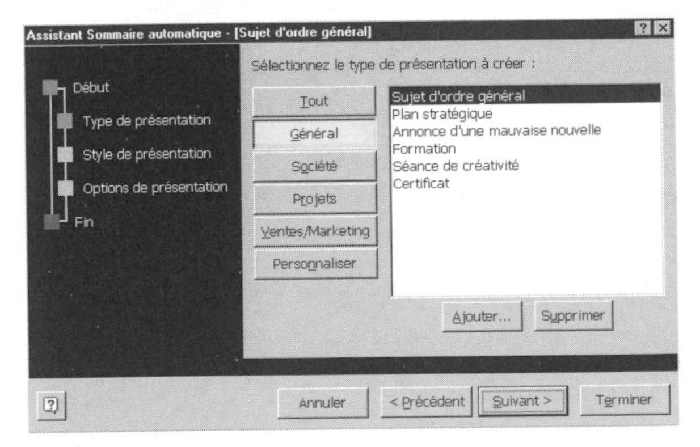

Figure 7.3 : Choisissez le type de votre présentation.

3. Vous devez maintenant sélectionner le type de support sur lequel vous souhaitez présenter l'ensemble de vos diapositives. Cliquez sur **Suivant**.
4. Vous pouvez indiquer le titre de la présentation, le contenu du pied de page, la numérotation, etc. Cliquez sur **Suivant**, puis sur **Terminer**.

MODES D'AFFICHAGE

PowerPoint propose plusieurs façons de visualiser une présentation. Chaque mode permet un type de travail différent :

- **Normal.** Nouveau venu dans la version 2000, il propose une vue triptyque composée, dans sa partie gauche, d'une vue en mode Plan, dans sa partie centrale, d'une vue en mode Diapositive, et, en bas, d'une vue correspondant à l'ancien mode Commentaires. Cette vue permet de travailler à la fois sur la structure, le contenu et les annotions d'une présentation (voir Figure 7.4). C'est le mode d'affichage par défaut.

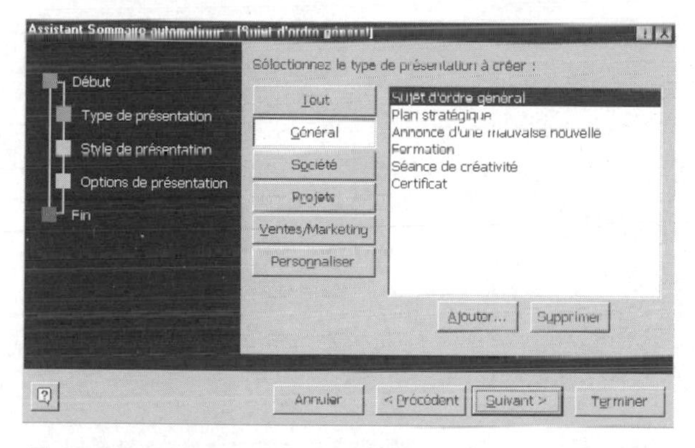

Figure 7.4 : Diapositive en mode Normal.

- **Plan.** Permet de visualiser, dans sa partie la plus importante, la diapositive par niveaux de titres : le texte des différentes diapositives à droite, un aperçu en petit gabarit de la diapositive dans le coin supérieur droit et un volet pour insérer des commentaires (voir Figure 7.5). Dans ce mode, travaillez sur le contenu de la présentation et organisez l'enchaînement logique des différentes diapositives. Pour naviguer entre les diapositives, double-cliquez sur le titre de la diapositive que vous souhaitez afficher.

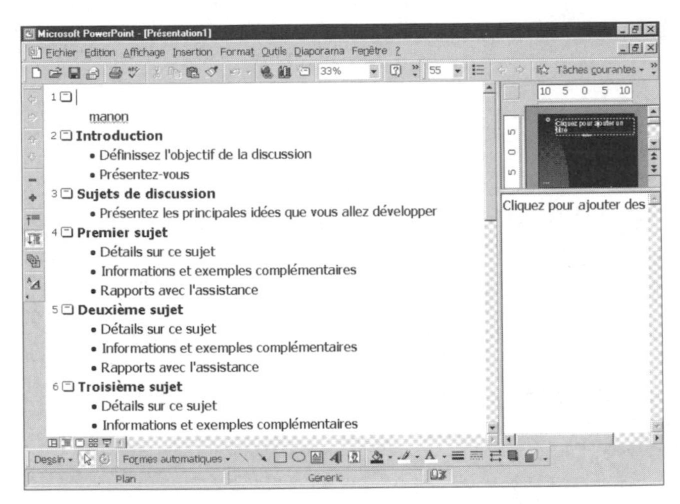

Figure 7.5 : Diapositive en mode Plan.

- **Diapositive.** Permet de visualiser une diapositive à la fois. C'est l'affichage à partir duquel vous pouvez insérer le texte, ajouter des objets (son, graphiques, images), etc.
- **Trieuse de diapositives.** Permet de visualiser à l'écran la totalité des diapositives de votre présentation. C'est le mode idéal pour classer les diapositives, les déplacer, les copier, etc.
- **Diaporama.** Permet de visualiser en enchaînement l'ensemble des diapositives. Dans ce mode, elles apparaissent sur toute la surface de l'écran. Vous pouvez y tester le défilement des diapositives et les effets d'animations que vous avez créés.

Pour changer de mode d'affichage, cliquez sur le bouton correspondant au mode d'affichage voulu dans l'angle inférieur gauche de la fenêtre (voir Figure 7.6). Vous pouvez aussi cliquer sur **Affichage**, puis sélectionner un mode d'affichage.

Figure 7.6 : Les boutons des différents modes d'affichage.

Si vous souhaitez afficher en plus gros ou en plus petit la partie d'une diapositive, cliquez sur **Affichage**, **Zoom**. Choisissez le pourcentage de zoom.

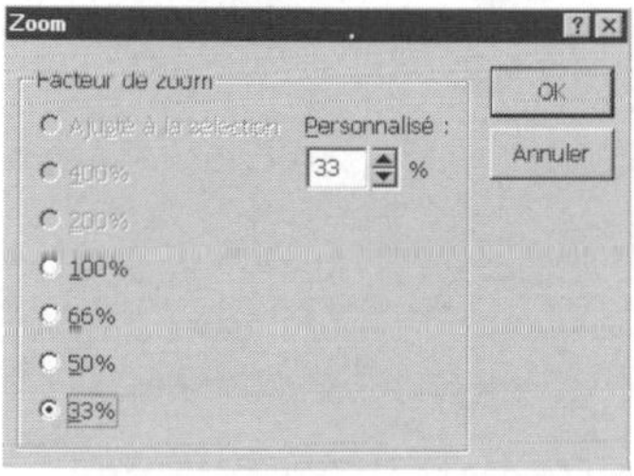

Figure 7.7 : Utilisez le zoom pour modifier la taille de l'affichage à l'écran.

NOUVELLE PRÉSENTATION

Voyons maintenant comment créer une nouvelle présentation dont vous allez vous-même réaliser la mise en forme :

1. Cliquez sur **Nouvelle présentation** dans la boîte de dialogue PowerPoint ou sur **Fichier**, **Nouveau**. Cliquez sur l'onglet **Général**, puis double-cliquez sur l'icône **Nouvelle présentation** (voir Figure 7.8).
2. Dans la boîte Nouvelle diapositive, choisissez le type de la diapositive à créer. Cliquez sur l'un des types pour le sélectionner. Le volet de droite affiche une description textuelle du type sélectionné. Cliquez sur **OK**. Le numéro de la diapositive s'affiche dans la barre d'état (diapositive X sur X).

Insertion, suppression et restructuration de diapositives

Une présentation contient rarement une seule et unique diapositive. Vous devez donc savoir insérer, supprimer ou mettre en page des diapositives.

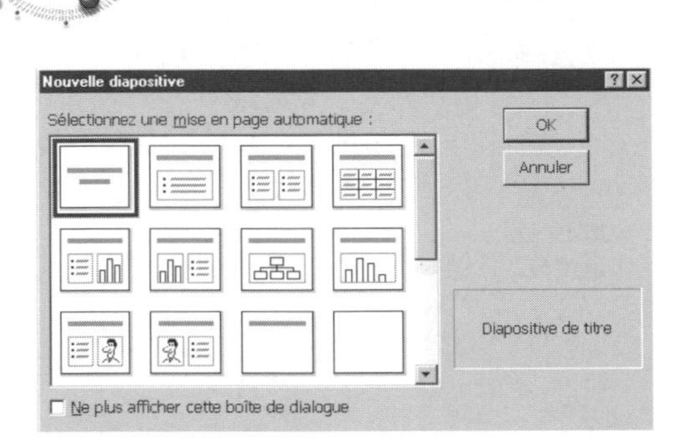

Figure 7.8 : La boîte de dialogue Nouvelle diapositive permet de sélectionner le type de la diapositive.

- Pour supprimer une diapositive, affichez-la en mode Plan ou en mode Trieuse de diapositives, puis cliquez dessus et appuyez sur la touche **Suppr**.
- Insérez des diapositives en cliquant sur le bouton **Nouvelle diapositive**. Sélectionnez le type de la diapositive comme indiqué ci-dessus et cliquez sur **OK**. PowerPoint insère la nouvelle diapositive en lui attribuant les éventuelles mises en forme déjà réalisées.

  Vous pouvez aussi cliquer sur **Insertion**, **Nouvelle diapositive** ou sur **Tâches courantes** dans la barre d'outils Mise en forme, puis sélectionnez **Nouvelle diapositive**. Reprenez les procédures ci-dessus pour choisir le type de diapositive.
- Lorsque vous avez choisi un type de diapositive et qu'il ne convient plus, vous pouvez le changer. Cliquez sur le bouton **Tâches courantes** et sélectionnez **Mise en page des diapositives** (voir Figure 7.9). Sélectionnez le nouveau type, puis cliquez sur **Appliquer**.

Naviguer entre les diapositives

Voici les procédures à suivre pour naviguer entre les différentes diapositives de la présentation :

- Pour naviguer entre les diapositives en mode Normal ou en mode Diapositive, cliquez sur la double-flèche remontante ou

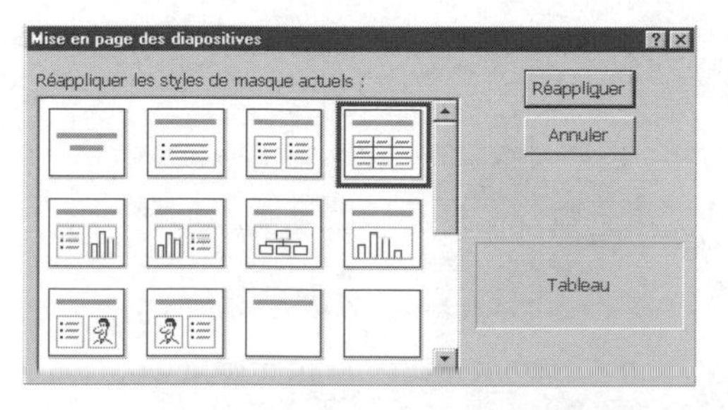

Figure 7.9 : La boîte de dialogue Mise en page des diapositives permet de modifier le type de la diapositive active.

descendante dans la barre de défilement vertical. Vous pouvez aussi faire glisser la barre de défilement. Une info-bulle affiche le numéro des pages au fur et à mesure du défilement. Lâchez lorsque vous êtes sur la diapositive à afficher.

- Pour naviguer entre les diapositives en mode Plan ou en mode Trieuse de diapositives, cliquez sur la diapositive à sélectionner (voir Figure 7.10).

TEXTE

Une fois que vous avez sélectionné le type de diapositive que vous souhaitez créer, vous devez commencer par y insérer du texte. Quel que soit le type de diapositive choisi, les procédures sont les mêmes :

- Pour insérer du texte, vous devez cliquer sur l'une des zones de texte affichant **Cliquez pour...** Le cadre de la zone de texte se transforme en grisé et le pointeur clignote. Saisissez le texte. Pour sortir de la zone de texte, cliquez en dehors de celle-ci. La frappe se fait au kilomètre comme dans un traitement de texte, le passage à la ligne est donc automatique.

Dans PowerPoint 2000, le texte s'adapte automatiquement au cadre.

Pour activer l'ajustement automatique du texte :

1. Cliquez sur **Outils**, **Options**, puis sur l'onglet **Edition** (voir Figure 7.11).

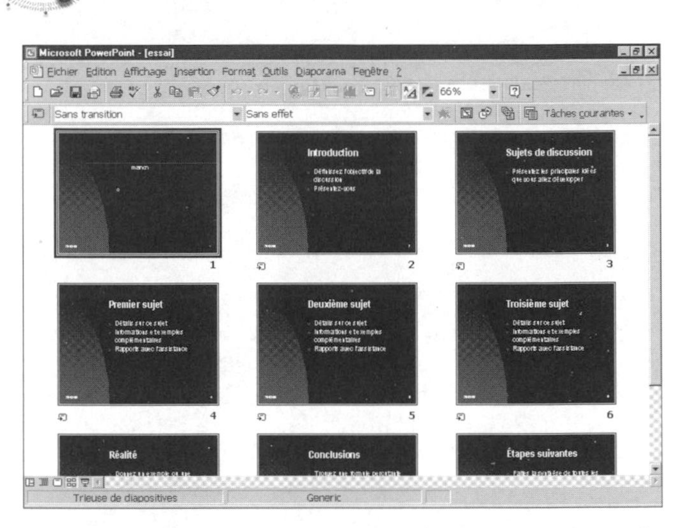

Figure 7.10 : Naviguez rapidement entre les diapositives en mode Trieuse de diapositives.

2. Activez l'option **Ajuster automatiquement le texte à l'espace réservé** pour l'activer. Cliquez sur **OK**.

La fonctionnalité qui permet que le texte s'adapte automatiquement au cadre de texte n'est pas active pour les titres.

*Pour insérer une zone de texte, cliquez sur le bouton **Zone de texte** dans la barre d'outils Dessin et dessinez le cadre dans la diapositive.*

Sélections de texte

Pour toutes modifications et suppressions, vous devez savoir sélectionner le texte sur lequel vous souhaitez agir. Pour connaître les procédures, reportez-vous à la seconde partie de cet ouvrage.

Figure 7.11 : Activez l'ajustement automatique du texte.

Listes à puces

Une liste à puces est une suite d'arguments structurés qui peuvent se situer à différents niveaux. Ce type de présentation de texte est extrêmement pratique, car il permet d'afficher, point par point, chaque argument. Pour afficher une diapositive de ce type, cliquez sur **Liste à puces** dans la boîte de dialogue Nouvelle diapositive.

La puce est le symbole qui s'affiche à gauche de chaque argument. Saisissez le texte dans la zone contenant la liste à puces, puis appuyez sur la touche **Entrée** chaque fois que vous souhaitez afficher une nouvelle puce. PowerPoint affiche par défaut des petites puces rondes et noires.

Pour créer une liste à puces, vous pouvez aussi sélectionner un texte, puis cliquer sur le bouton **Puces** dans la barre d'outils Mise en forme.

*Pour transformer une liste à puces en texte normal, sélectionnez la liste, puis cliquez sur le bouton **Puces** pour le désactiver.*

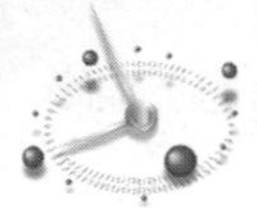

Si les puces proposées par défaut ne vous conviennent pas, modifiez-les :

1. Dans la liste à puces, appuyez sur les touches **Ctrl+A** pour sélectionner l'ensemble de la liste à puces.
2. Cliquez du bouton droit sur la sélection, puis sélectionnez **Puces et numéros** (voir Figure 7.12). Cliquez sur le type de puce pour le sélectionner. Vous pouvez modifier la couleur et la taille de la puce dans les options **Couleur** et **Taille**. Le bouton **Caractères** permet de sélectionner une lettre ou tout autre symbole en tant que puce. Cliquez sur **OK**.

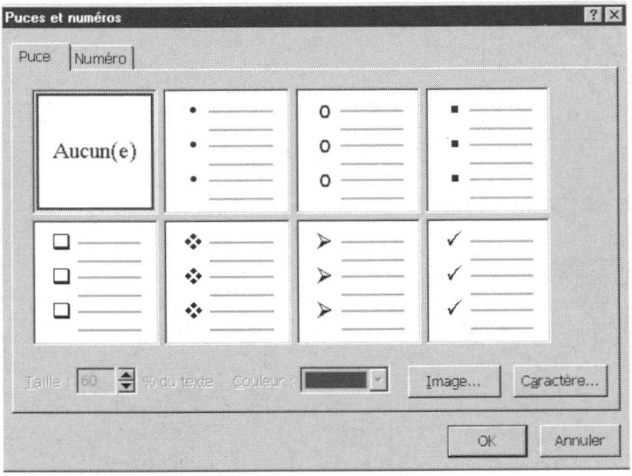

Figure 7.12 : Choisissez une autre puce dans la boîte de dialogue Puces et numéros.

Désormais, PowerPoint permet d'utiliser une image du ClipArt en tant que puce. Dans la boîte de dialogue Puces et numéros, onglet **Puces**, cliquez sur le bouton **Image**. Dans le ClipArt, cliquez sur la puce de votre choix, puis sur **OK**.

HARMONISATION

PowerPoint permet de donner aux présentations une apparence harmonieuse grâce à des masques et à un jeu de couleurs.

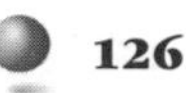

Masque des diapositives

Le masque des diapositives contrôle la police, la taille de caractères de tous les titres, les listes à puces, les sous-titres, etc., et contient les graphismes communs à toutes les diapositives. Il permet aussi d'insérer la date, le numéro de la diapositive ainsi que toutes les informations que vous pourriez souhaiter inclure.

Pour afficher le masque d'une diapositive, cliquez sur **Affichage**, **Masque**. Dans le menu en cascade, sélectionnez **Masque des diapositives**. Ensuite, suivez les instructions ci-dessous pour utiliser ou modifier le masque des diapositives :

- Pour modifier l'aspect des titres, sélectionnez le titre du masque, puis utilisez les listes déroulantes **Police** et **Taille**. Pour des modifications plus élaborées, utilisez la boîte de dialogue Police ; pour l'ouvrir, cliquez sur **Format**, **Police**.
- Pour modifier le texte des listes à puces, sélectionnez la liste à puces dans le masque, puis utilisez les listes déroulantes **Police** et **Taille**. Vous pouvez utiliser les autres boutons de la barre d'outils Mise en forme tels que **Augmenter la taille**, **Diminuer la taille**, etc.

Le masque des diapositives contrôle la totalité des aspects des diapositives. Dès que vous modifiez une zone du masque, la modification s'applique à la totalité des diapositives de la présentation. Si vous souhaitez que cette mise en forme ne s'applique pas à l'une des diapositives, affichez-la en mode Diapositive, puis cliquez sur **Format**, **Arrière-plan**. Dans la boîte de dialogue qui s'affiche, cochez l'option **Cacher les graphiques du masque** pour l'activer, puis cliquez sur **Appliquer**.

Jeu de couleurs

Chaque modèle prédéfini propose une couleur différente pour chacun des éléments des diapositives : titres, listes à puces, listes numérotées, remplissages, etc. Vous pouvez parfaitement modifier la couleur de chaque catégorie d'éléments de la manière suivante :

1. Cliquez sur **Format**, **Jeu de couleurs des diapositives** (voir Figure 7.13).

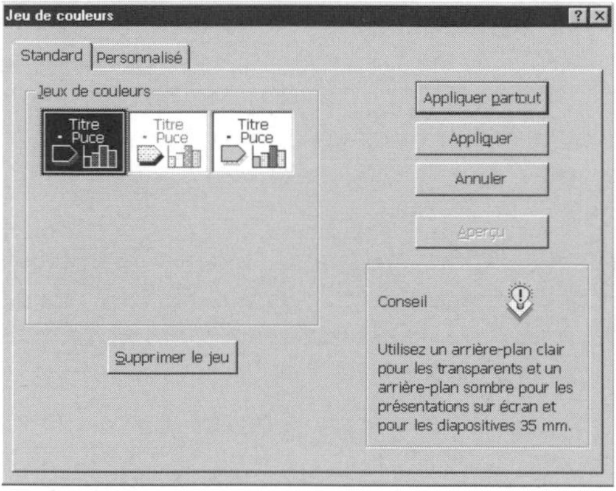

Figure 7.13 : Le jeu de couleurs permet d'harmoniser les couleurs de la présentation.

2. Dans la boîte de dialogue qui s'affiche, vous pouvez choisir un jeu standard ou créer votre propre jeu de couleurs. Mieux vaut cependant utiliser un jeu standard pour éviter certains écueils (couleurs mal assorties etc.). Si aucun jeu de couleurs ne convient, cliquez sur l'onglet **Personnalisé**, puis sélectionnez une couleur pour chaque élément des diapositives. Une fois vos choix terminés, cliquez sur **Appliquer partout** pour que ce jeu de couleurs s'applique à toute la présentation ou cliquez sur **Appliquer** pour qu'il s'applique seulement à la diapositive sélectionnée.

Mise en forme des diapositives

Tout comme dans Word, vous pouvez créer une mise en forme personnalisée.

Conseils pour la mise en forme du texte

Pour mettre en forme le texte, vous devez tout d'abord le sélectionner comme indiqué plus haut dans ce chapitre. Pour sélectionner tout le texte d'une diapositive en mode Plan, cliquez sur son icône. En mode Diapositive, il suffit d'appuyer sur les touches **Ctrl+A**.

En ce qui concerne le texte, les mises en forme sont les mêmes que celles proposées dans Word. Référez-vous à la seconde partie de cet ouvrage pour en connaître les modalités et les outils. Voici cependant quelques conseils :

- **Le mode Masque des diapositives.** Permet de modifier l'apparence du texte de toutes les diapositives. Pour donner une cohérence à la mise en forme, effectuez les modifications dans le masque.

Si vous avez ajouté des zones de texte dans certaines diapositives, le masque ne peut les contrôler.

- **Le mode Diapositive.** Affiche une par une les différentes diapositives de la présentation. Pour affecter au texte d'une diapositive un aspect différent de celui du masque, effectuez votre modification dans ce mode, car il permet de voir exactement le texte tel qu'il apparaîtra dans le diaporama.
- **Le mode Plan.** N'affiche que le texte. Ce mode permet d'afficher l'effet du texte de chaque diapositive par rapport aux autres. Il est idéal si vous souhaitez modifier la police ou la taille des caractères de tout le texte dans toutes les diapositives de la présentation. Cliquez sur **Edition**, **Sélectionner tout**, puis sélectionnez la police désirée. Vous pouvez aussi utiliser les différents boutons de la barre d'outils Mise en forme.

Arrière-plan

Chaque diapositive possède un arrière-plan, coloré ou non selon la façon dont vous avez créé la diapositive.

Pour modifier l'arrière-plan :

1. Cliquez sur **Format**, **Arrière-plan** (voir Figure 7.14).
2. Pour choisir simplement une couleur d'arrière-plan, cliquez sur la flèche de la liste déroulante **Remplissage de l'arrière-plan**, puis choisissez la couleur. Pour choisir une autre couleur, cliquez sur le bouton **Couleurs supplémentaires**, puis

choisissez une couleur ou définissez-la vous-même. L'option Motifs et textures permet de sélectionner un dégradé, un texte ou une image pour l'arrière-plan. Cliquez sur **OK**.

Figure 7.14 : Choisissez une couleur d'arrière-plan.

IMAGES

Les images possèdent un attrait évident dans un diaporama, car elles permettent de soutenir le propos et d'expliciter rapidement le contenu d'une diapositive.

PowerPoint permet d'insérer plusieurs types d'images :

- Les images numérisées, issues d'un scanner ou d'une carte de numérisation.
- Les images vectorielles en provenance de logiciels de création telles qu'Illustrator. Elles sont créées à partir de formes mathématiques et sont constituées d'éléments de base : traits, surfaces régulières, etc.
- Les images du ClipArt Gallery d'Office.

Sachez qu'une image numérisée peut être soit en noir et blanc, soit en niveaux de gris, soit en couleurs.

Pour insérer une image, reprenez les procédures indiquées dans la première partie de cet ouvrage.

Barre d'outils Image

La barre d'outils Image permet de retoucher une image. Elle s'affiche automatiquement lorsque vous sélectionnez une image (en cliquant dessus) et propose un certain nombre de boutons permettant de modifier le contraste, la luminosité, l'encadrement, l'affichage en couleurs ou en noir et blanc, etc. Reportez-vous au Tableau 7.1 quant à l'utilisation de ces différents boutons.

Tableau 7.1 : Les boutons de la barre d'outils Image

Bouton	Action
	Insère un fichier graphique à partir de votre disque dur.
	Transforme une image couleur en dégradés de gris, en noir et blanc ou en filigrane (image transparente posée au-dessus du texte sans le masquer).
	Augmente le contraste de l'image.
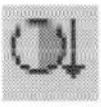	Diminue le contraste de l'image.
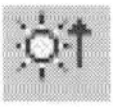	Augmente la luminosité de l'image.
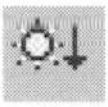	Diminue la luminosité de l'image.
	Transforme le pointeur en outil de détourage. Placez le pointeur sur l'une des poignées et faites-le glisser pour découper une partie de l'image.
	Modifie les lignes encadrant l'image.
	Gère le texte en fonction de l'image.
	Définit des options de mise en forme de l'image.
	Rend transparente une des couleurs de l'image.
	Rétablit la mise en forme de l'image de départ.

Diagrammes

Au cours de la réalisation des présentations, il vous arrivera très souvent d'être obligé de présenter des séries de chiffres pour démontrer l'évolution d'un produit, la structure d'une clientèle, la répartition d'un ensemble de différents éléments, etc. Or, si dans la communication traditionnelle, il est exact que le lecteur a tout son temps pour prendre connaissance des chiffres et les analyser, ce n'est pas du tout le cas en ce qui concerne un diaporama. Il suffit, pour résoudre ce type de problèmes, d'utiliser un diagramme qui permettra à l'auditoire de visualiser rapidement l'ensemble des chiffres et de faire passer le message d'une manière percutante.

Si vous avez créé les diapositives avec l'Assistant Sommaire automatique ou que vous avez sélectionné une diapositive prédéfinie pour l'insertion de graphiques, vous n'avez qu'à double-cliquer sur le message **Double-cliquez pour ajouter un diagramme.** Si vous avez choisi une diapositive vierge ou que vous souhaitiez insérer un graphique dans une diapositive de type texte, vous devez cliquer sur le bouton **Insérer un diagramme** dans la barre d'outils Standard.

Quelle que soit la procédure utilisée, la fenêtre Présentation — Feuille de données s'affiche avec quelques données en exemples.

Pour entrer les données que vous souhaitez mettre en forme, cliquez dans la cellule voulue, saisissez la donnée, puis appuyez sur la touche **Entrée** pour valider. Vous devez utiliser les touches de direction pour vous déplacer dans les cellules du tableau. Par défaut, les données sont disposées en lignes. Les titres de colonnes apparaissent sous l'axe horizontal (X) dans le graphique. Si vous souhaitez une disposition en colonnes, avec des titres de lignes apparaissant sous l'axe X, cliquez sur le bouton **Par colonne** dans la barre d'outils Standard.

Référez-vous à la troisième partie de cet ouvrage pour de plus amples informations sur la création et la modification des graphiques.

Heure 8

Fonctions avancées de PowerPoint

Au sommaire de cette heure

- Positionnement des objets
- Dessiner
- Cohérence du style
- Classer, organiser et adapter les diapositives
- Animation
- Lancement du diaporama
- Diaporama sur papier, sur diapositives, etc.
- Notes du conférencier
- Déplacer un diaporama

Au cours de cette heure, nous allons examiner les fonctions avancées de PowerPoint telles que le dessin, le positionnement des objets, l'organisation du diaporama, etc.

Positionnement des objets

Lorsque vous placez des éléments (image, texte, etc.), vous disposez de plusieurs méthodes pour les mettre en place de façon précise.

Règles et repères

Pour positionner précisément un objet, la règle et les repères sont indispensables.

Pour activer la règle, cliquez sur **Affichage**, **Règle**. Lorsque vous ferez glisser l'objet, une ligne pointillée apparaîtra dans les règles, indiquant la position exacte des bords de l'objet. Lâchez quand vous êtes exactement à l'endroit voulu (voir Figure 8.1).

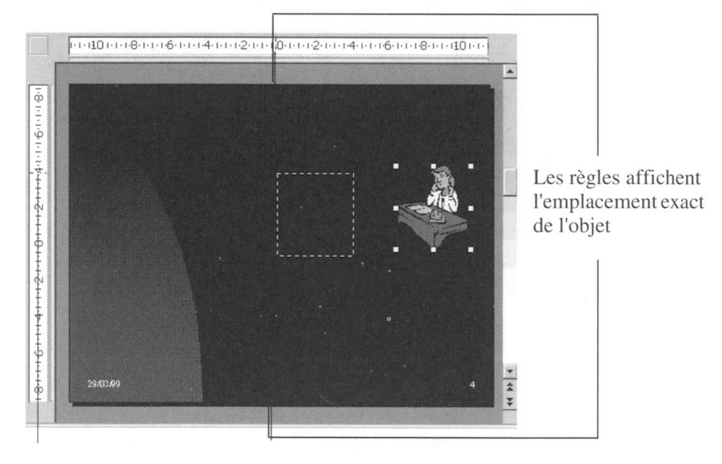
Les règles affichent l'emplacement exact de l'objet
29/03/99
4

Figure 8.1 : Placez l'objet de façon précise avec la règle.

Pour activer les repères, cliquez sur **Affichage**, **Repères**. Ils forment à l'écran une croix en pointillé. Lorsque vous faites glisser un objet sur un repère, l'objet adhère à celui-ci. Pour déplacer un repère, cliquez dessus, puis faites-le glisser à l'endroit de votre choix. Vous pouvez ainsi aligner impeccablement les objets de la diapositive (voir Figure 8.2).

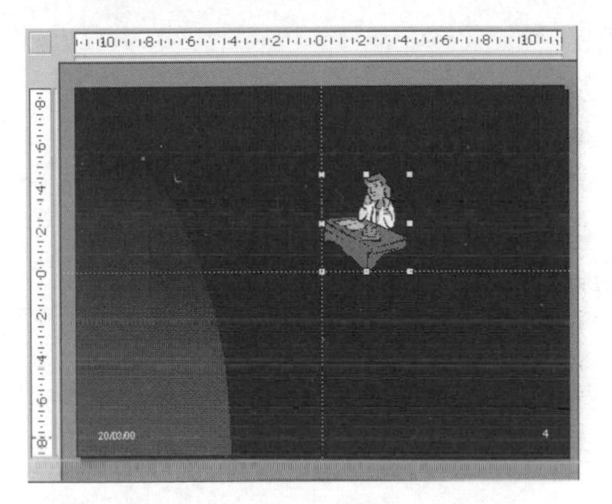

Figure 8.2 : Les repères permettent de définir la position exacte de deux objets.

Mise en ordre des objets

Au fur et à mesure de vos créations, vous empilez des objets sur les diapositives... Vous finissez par ne plus voir les objets en arrière-plan. Si vous souhaitez modifier l'un des objets ainsi cachés, vous devez le "remonter à la surface". S'il est encore visible, cliquez dessus ; sinon, cliquez du bouton droit sur l'un des objets de la pile, puis sélectionnez **Ordre**. Dans le sous-menu (voir Figure 8.3), cliquez sur le choix voulu :

- **Premier plan.** Place l'objet sélectionné au-dessus de la pile.
- **Arrière-plan.** Place l'objet sélectionné en bas de la pile.
- **Avancer.** Remonte d'un étage dans la pile l'objet sélectionné.
- **Reculer.** Descend d'un étage dans la pile l'objet sélectionné.

DESSINER

PowerPoint permet d'insérer des formes, des flèches, de dessiner et même de créer des tableaux dans les présentations.

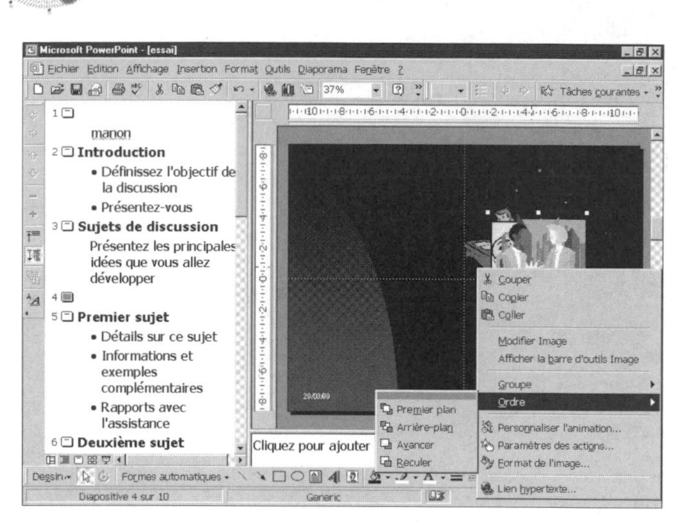

Figure 8.3 : Les options d'organisation des objets.

Barre d'outils Dessin

Les différents outils de dessin sont accessibles dans la barre d'outils Dessin située en bas de l'écran. Vous pouvez dessiner des traits, des formes et des flèches ou encore sélectionner des formes automatiques. Il suffit de cliquer sur l'outil, puis de l'insérer dans la diapositive. Utilisez ensuite les différents boutons pour colorier, modifier le style de trait, etc.

Création de tableaux

Pour créer un tableau dans une présentation, vous n'avez plus besoin de l'insérer à partir d'une autre application : cliquez sur **Insertion**, **Tableaux** (voir Figure 8.4). Définissez le nombre de colonnes et de lignes du tableau, puis cliquez sur **OK**.

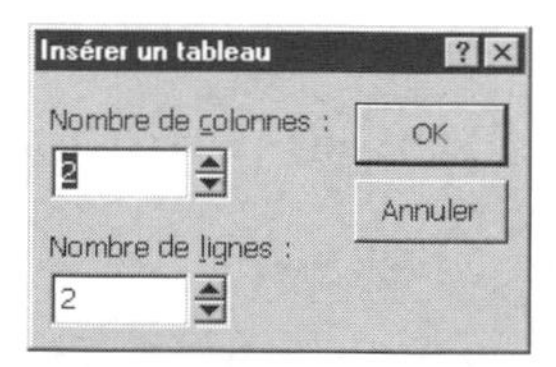

Figure 8.4 : Insérez un tableau dans la présentation.

Pour insérer de nouvelles lignes ou de nouvelles colonnes, utilisez le pointeur qui s'est transformé en crayon et dessinez.

Toutes les procédures pour passer d'une cellule à l'autre, pour insérer le texte, modifier la couleur, etc., sont identiques à celles utilisées dans les tableaux de Word. Reportez-vous à la seconde partie de cet ouvrage pour en prendre connaissance.

COHÉRENCE DU STYLE

PowerPoint propose un outil de vérification du style de la présentation et de sa cohérence.

Pour activer la vérification du style :

1. Cliquez sur **Outils**, **Options**, puis sur l'onglet **Orthographe et style**.
2. Dans la zone Style, cochez l'option **Vérifier le style**. Cliquez sur **OK**.

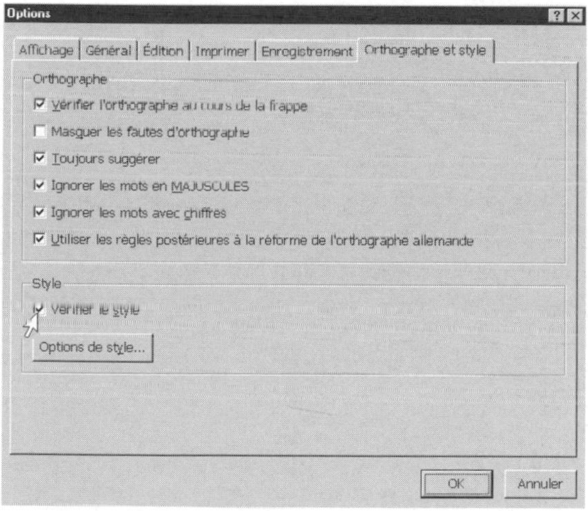

Figure 8.5 : Activez la vérification du style.

Pour définir le style à utiliser :

1. Dans l'onglet Orthographe et style, cliquez sur le bouton **Options de style** (voir Figure 8.6).
2. Définissez les options désirées, la taille des titres, le type de casse à utiliser, etc., dans les deux onglets proposés. Cliquez sur **OK** pour valider.

Désormais, si la présentation réalisée présente des incohérences par rapport au style défini, PowerPoint l'indique dans une boîte de dialogue qui énumère les éventuels problèmes.

Figure 8.6 : Paramétrez la vérification de la cohérence du style.

CLASSER, ORGANISER ET ADAPTER LES DIAPOSITIVES

Dans le but de parfaire votre diaporama, vous devez en classer les diapositives. Le mode le mieux adapté est le mode Trieuse de diapositives puisqu'il permet de réorganiser aisément l'ensemble de vos diapositives et de les classer. Cliquez sur le bouton **Mode Trieuse de diapositives**, en bas, à gauche de l'écran (voir Figure 8.7).

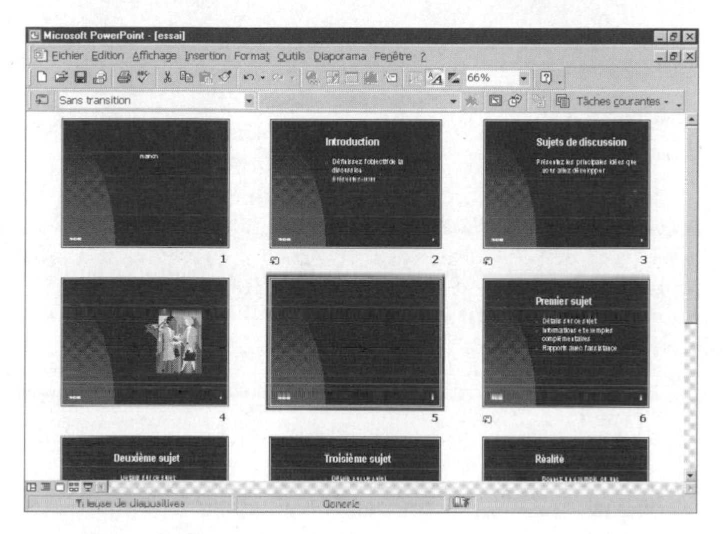

Figure 8.7 : Mode Trieuse de diapositives.

Pour copier une diapositive :

1. Cliquez sur la diapositive et appuyez sur la touche **Ctrl**.
2. Tout en maintenant cette touche enfoncée, faites glisser : un trait vertical s'affiche et se déplace en même temps que le glisser-déplacer. Il indique l'endroit où la copie s'insère lorsque vous lâchez la touche.

Pour déplacer une diapositive, reprenez les procédures ci-dessus sans appuyer sur la touche **Ctrl**.

Pour supprimer une diapositive, cliquez dessus, puis appuyez sur la touche **Suppr**.

Pour déplacer les diapositives, vous pouvez aussi utiliser le mode Plan. Dans ce mode, pensez auparavant à réduire au niveau de titre la totalité des diapositives. Vous pouvez ensuite déplacer la diapositive en faisant glisser son icône vers le haut ou le bas du plan. Un trait horizontal s'affiche et se déplace en même temps, indiquant l'endroit où va s'insérer la diapositive lorsque vous lâchez le bouton de la souris. Vous pouvez aussi déplacer la dia-

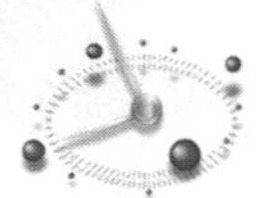

positive grâce aux boutons **Vers le haut** ou **Vers le bas** de la barre d'outils Plan.

Organiser un diaporama avec les diapositives de résumé

Lorsque vous créez un diaporama destiné à s'exécuter sur un ordinateur ou sur le Web, vous pouvez utiliser comme point de départ une diapositive de résumé qui contient une liste à puces représentant la totalité des titres de toutes les diapositives de la présentation (c'est en quelque sorte un sommaire). Au moment où le diaporama est lancé, vous pouvez ainsi choisir la direction à suivre à partir de la diapositive de résumé.

Pour créer une diapositive de résumé :

1. En mode Trieuse de diapositives, cliquez sur la première diapositive du diaporama vers lequel doit pointer la diapositive de résumé.
2. Appuyez sur la touche **Maj**, puis cliquez sur la deuxième diapositive, et ainsi de suite tout en maintenant la touche enfoncée.
3. Cliquez sur le bouton **Diapositive de résumé** dans la barre d'outils Trieuse de diapositives ou Plan (voir Figure 8.8).

La diapositive de résumé devient la première diapositive de la présentation. Elle affiche la liste de toutes les diapositives sélectionnées.

Référez-vous à la première heure en ce qui concerne la création des liens hypertexte.

Création de signet

Afin de naviguer plus rapidement dans la présentation, vous pouvez créer des signets qui permettront, en cliquant dessus, d'accéder directement au point souhaité.

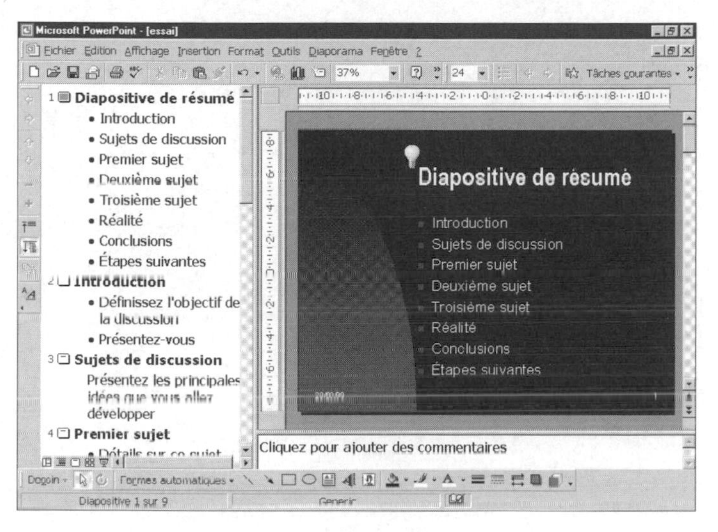

Figure 8.8 : Une diapositive de résumé permet de visualiser le contenu de la présentation.

Pour créer un signet :

1. Dans la diapositive, sélectionnez le texte concerné.
2. Cliquez sur le bouton **Lien hypertexte** (voir Figure 8.9).
3. Cliquez sur le bouton **Signet** (voir Figure 8.10). Cliquez sur le nom de la diapositive voulue. Cliquez sur **OK** dans les deux boîtes de dialogue.

Reportez-vous à la première partie de cet ouvrage pour découvrir la nouvelle fonctionnalité Web de PowerPoint qui permet de créer automatiquement un jeu de cadre dans le volet de gauche de votre présentation afin que l'internaute puisse accéder, en cliquant dans ce cadre, à la diapositive qui l'intéresse.

Narration

PowerPoint permet d'enregistrer un commentaire sonore pour la totalité du diaporama. Avant de vous lancer dans cet enregistrement, sachez utiliser les différents boutons :

Figure 8.9 : La boîte de dialogue Lien hypertexte.

Figure 8.10 : Créez des signets dans une diapositive.

- Pour faire une pause durant le diaporama, cliquez du bouton droit n'importe où dans la diapositive active, puis cliquez sur **Interrompre la narration**.

- Pour reprendre l'enregistrement, cliquez du bouton droit, puis cliquez sur **Reprendre la narration**.

Pour enregistrer une narration :

1. Allumez le micro et vérifiez la connexion. Cliquez sur **Diaporama**, **Enregistrer la narration** (voir Figure 8.11). Cliquez sur **OK**.

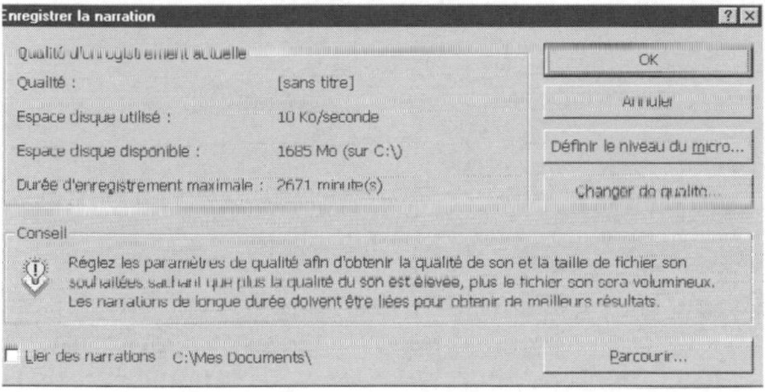

Figure 8.11 : Lancez l'enregistrement de la narration du diaporama.

2. Cliquez dans une diapositive pour passer à la suivante, sans interrompre le commentaire.

   A la fin du diaporama, un message s'affiche, demandant si vous souhaitez enregistrer le minutage du diaporama en même temps que le commentaire.

3. Pour accepter, cliquez sur **Oui**. Pour enregistrer uniquement le commentaire sans le minutage, cliquez sur **Non**.

Lorsque vous faites défiler le diaporama, le commentaire est automatiquement lancé et l'auditoire en bénéficie.

Pour ne pas lancer le commentaire au moment du diaporama :

1. Cliquez sur **Diaporama**, **Paramètres du diaporama**.
2. Cliquez sur **Afficher sans narration**, puis sur **OK**.

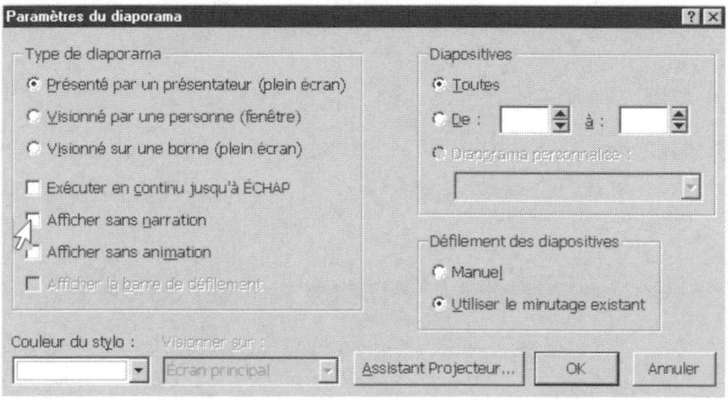

Figure 8.12 : Bloquez la narration.

Adapter le diaporama à l'auditoire

Un diaporama contient certaines informations sur l'entreprise et il peut arriver que vous ne souhaitiez pas que certains spectateurs les voient. PowerPoint permet d'adapter le diaporama en fonction de votre public.

Pour brider un diaporama :

1. Cliquez sur **Diaporama**, **Diaporamas personnalisés**. Cliquez sur le bouton **Nouveau**.
2. Dans la boîte de dialogue Définir un diaporama personnalisé (voir Figure 8.13), nommez le diaporama dans l'option Nom du diaporama. Dans la liste de gauche, cliquez sur la première diapositive à insérer, puis sur le bouton **Ajouter**. Reprenez cette procédure pour chaque diapositive que vous souhaitez insérer. Pour les organiser dans un ordre différent, cliquez sur le nom de le diapositive concernée dans le volet de droite, puis sur le bouton fléché vers le haut ou vers le bas.
3. Cliquez sur **OK** pour enregistrer le diaporama personnalisé.

Désormais, pour lancer le diaporama bridé, cliquez sur **Diaporama**, **Diaporamas personnalisés**. Sélectionnez le diaporama voulu, puis cliquez sur le bouton **Afficher** pour le lancer.

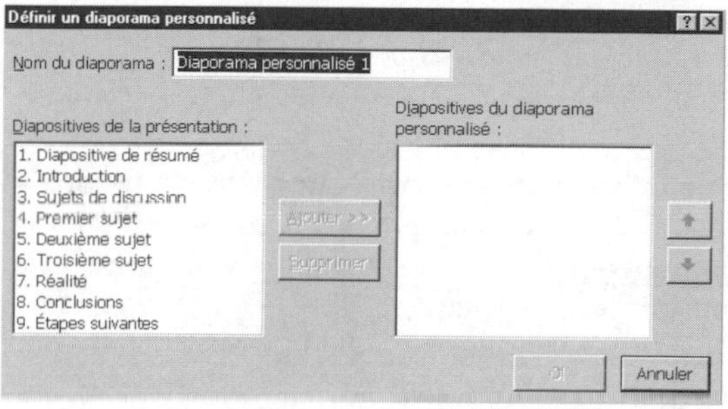

Figure 8.13 : Créez des diaporamas en fonction de votre auditoire.

ANIMATION

Nous allons maintenant aborder une fonction un peu plus amusante : la création d'effets d'animation.

Animer les transitions entre les diapositives

Nous avons tous assisté, au moins une fois, à une projection de diapositives. Entre chacune d'elles, le commentateur doit taper sur un bouton ou presser une petite poire pour passer à la diapositive suivante. Il faut bien avouer le côté ennuyeux de la technique, d'autant plus que les commentaires en voix off sont souvent déphasés par rapport aux images. Avec PowerPoint, oubliez tous ces inconvénients, car vous pouvez minuter les transitions entre chaque diapositive et créer des animations amusantes.

Pour gérer les transitions entre les diapositives :

1. Cliquez sur la diapositive à animer, puis sur le bouton **Transition** de la barre d'outils Trieuse de diapositives.
2. Cliquez sur la flèche de la zone Effets, puis choisissez une option. La zone d'aperçu visualise l'effet de la transition sélectionnée.
3. Cliquez sur l'option désirée au-dessous de la liste déroulante (**Lent**, **Moyen** ou **Rapide**) pour définir la vitesse de transition. Dans la zone Avancer, cliquez sur **Manuellement** pour con-

trôler vous-même l'avancement des diapositives ou **Automatiquement après ___ secondes** pour que PowerPoint affiche automatiquement la diapositive suivante après le nombre de secondes indiqué.

4. Pour affecter un son à la transition, cliquez sur la flèche de la liste déroulante **Son**, puis sélectionnez le son voulu. Pour que le son se prolonge jusqu'au son suivant, cliquez sur **En boucle jusqu'au son suivant**. Cliquez sur **Appliquer** lorsque vous avez terminé. Si vous cliquez sur **Appliquer partout**, les effets définis seront effectifs pour toutes les diapositives.

Animation dans les diapositives

Vous pouvez également animer les objets (image, texte, liste à puces, etc.) contenus dans la diapositive. Ces différentes animations sont accessibles depuis la barre d'outils Effets d'animation affichée dans le mode Diapositive :

1. Dans la diapositive concernée, et ce après l'avoir affichée en mode Diapositive, cliquez sur le bouton **Effets d'animation** (étoile filante jaune) dans la barre d'outils Mise en forme (voir Tableau 8.1).
2. Après avoir sélectionné les effets voulus en fonction du tableau ci-dessous, cliquez sur la flèche de l'option **Ordre de l'animation**, puis définissez l'ordre d'apparition des objets à l'écran.

Tableau 8.1 : Les boutons de la barre d'outils Effets d'animation

Bouton	Action
	Active l'effet d'animation du titre de diapositive
	Active les effets d'animation des autres textes de la diapositive
	Affecte un bruit de voiture

Tableau 8.1 : Les boutons de la barre d'outils Effets d'animation *(suite)*

Bouton	Action
	Fait voler l'objet
	Affecte un déclic d'appareil photo
	Affecte un éclair à l'objet
	Affiche le texte avec un effet et un son laser
	Affiche le texte comme si vous le tapiez à la machine
	Inscrit le texte de bas en haut
	Fait tomber les mots un à un du haut de la diapositive
	Détermine l'ordre d'apparition des éléments dans la diapositive
	Personnalise l'animation
2000	Visualise dans une petite fenêtre les effets d'animation choisis

Pour créer un effet d'animation, vous pouvez aussi cliquer sur l'objet, puis sur **Diaporama**, **Prédéfinir l'animation**. Dans la liste d'effets proposés, sélectionnez celui qui vous convient. Lors du déroulement du diaporama, les effets choisis apparaîtront à l'écran sur un simple clic.

Personnaliser les effets d'animation

PowerPoint vous propose de créer des effets d'animation plus pointus :

1. Cliquez sur **Diaporama**, **Personnaliser l'animation** (voir Figure 8.14).
2. Dans la zone Activez les objets à animer, les différents objets de la diapositive sont répertoriés. Pour sélectionner un objet, cliquez dessus dans cette zone : il apparaît dans la liste Ordre de l'animation de l'onglet Ordre et minutage. Dans la zone droite de cet onglet, vous pouvez définir les options de démarrage de l'animation de l'objet sélectionné. L'onglet Effets permet de définir les effets à appliquer à l'objet. L'onglet Effets graphiques permet d'animer le diagramme de la diapositive, l'onglet Paramètres multimédias permet de définir des effets pour le son, le clip animé, etc.

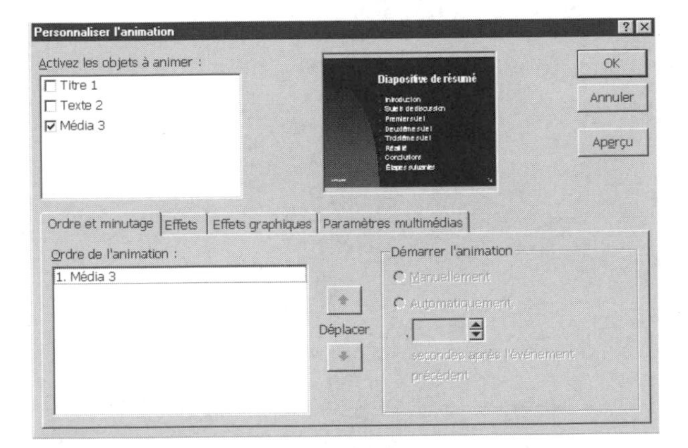

Figure 8.14 : Personnalisez l'animation du diaporama.

LANCEMENT DU DIAPORAMA

Voyons maintenant à quoi ressemble le diaporama et vérifions qu'il fonctionne bien.

Pour lancer le diaporama, affichez la première diapositive, puis cliquez sur le bouton **Diaporama** dans le bas de l'écran. Vous pouvez aussi cliquer sur **Affichage**, **Diaporama.** La diapositive s'affiche sur la totalité de l'écran. Pour faire défiler le diaporama, suivez les procédures ci-dessous :

- Pour faire défiler le diaporama diapositive après diapositive, cliquez n'importe où dans l'écran ou appuyez sur les touches de direction droite ou bas de votre clavier.
- Le diaporama défile automatiquement si vous avez défini une durée de transition spécifique.
- Appuyez sur la touche **Echap** pour sortir du diaporama.
- Pour afficher le menu des contrôles du diaporama, dans celui ci, cliquez sur le bouton masqué dans l'angle inférieur gauche de la diapositive.
- Double-cliquez sur les icônes des clips audio ou vidéo pour les déclencher.

DIAPORAMA SUR PAPIER, DIAPOSITIVES, ETC.

Nous n'avons évoqué jusqu'à présent que le déroulement du diaporama sur un écran. Cependant, il est possible que, ne bénéficiant pas des dernières technologies, vous ne disposiez pas de ce matériel. Vous devez alors transférer les diapositives sur des transparents, sur des diapositives 35 mm ou sur du papier.

Pour indiquer le support prévu pour la présentation, cliquez sur **Fichier**, **Mise en page** (voir Figure 8.15). Pour ajuster les diapositives au support que vous allez utiliser, cliquez sur la flèche de la liste déroulante **Diapositives dimensionnées pour** et sélectionnez l'option correspondant à votre support :

- **Format US.** Format 21,6 × 27,9 cm.

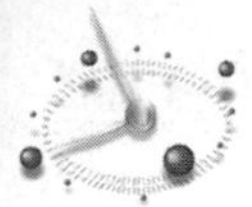

- **Format A4.** Correspond au format classique 21 × 29,7 cm.
- **Diapositives 35 mm.** Correspond au format des diapositives photo.
- **Transparent.** Concerne les transparents à projeter.
- **Bannière.** Concerne l'impression sur du papier en continu.
- **Personnalisé.** Permet d'ajuster la taille des diapositives à la zone d'impression de votre imprimante.

Vous pouvez aussi changer l'orientation des diapositives qui, par défaut, est en Paysage.

Figure 8.15 : La boîte de dialogue Mise en page permet de spécifier les options de la présentation.

NOTES DU CONFÉRENCIER

Pour éviter les trous de mémoire et autres désagréments au moment du diaporama, il est préférable de créer des commentaires. Ces commentaires sont à saisir dans le volet inférieur droit du mode Normal.

Les commentaires que vous insérez restent invisibles pour les spectateurs.

DÉPLACER UN DIAPORAMA

Il peut être nécessaire de déplacer votre diaporama, par exemple si vous faites la tournée de toutes les succursales. PowerPoint propose un Assistant qui aide à charger sur des disquettes la totalité d'une présentation ainsi que tous les fichiers qui lui sont attachés.

Pour lancer cet Assistant :

1. Cliquez sur **Fichier**, **Présentation à emporter**. L'Assistant Présentation à emporter s'affiche. Cliquez sur le bouton **Suivant** pour afficher la deuxième fenêtre de cet Assistant.
2. Sélectionnez la présentation que vous souhaitez emporter. Cliquez sur le bouton **Suivant** pour continuer. Indiquez sur quelle unité vous souhaitez envoyer votre présentation. Cliquez sur le bouton **Suivant**.
3. Vous devez maintenant inclure les fichiers liés ou incorporer les polices TrueType dans votre présentation. Une fois vos choix terminés, cliquez sur le bouton **Suivant**. L'Assistant propose ensuite de charger une visionneuse PowerPoint pour le cas où l'ordinateur sur lequel vous installerez votre présentation ne possède pas PowerPoint. Cliquez sur le bouton **Suivant**, puis cliquez sur le bouton **Fin**.

   L'Assistant charge vos données sur la disquette insérée dans le lecteur. Prévoyez plusieurs disquettes, c'est plus prudent.

Heure 9

Fonctions de base d'Outlook

Au sommaire de cette heure

- Découverte
- Outlook Aujourd'hui
- Calendrier
- Contacts
- Tâches
- Journal
- Note
- Boîte de réception
- Création de contacts
- Gestion des tâches

Au cours de cette heure, vous allez étudier les fonctions de base d'Outlook, ses principaux dossiers, ce qu'ils permettent, etc.

DÉCOUVERTE

Avec Outlook, vous allez pouvoir échanger des messages électroniques, partager des informations avec les autres programmes d'Office et gérer les différentes informations de votre activité (rendez-vous, réunions, clients, tâches, etc.).

Au premier lancement d'Outlook, il est possible que vous ayez à configurer l'installation d'Outlook ainsi que la connexion à Internet. Suivez les étapes de l'Assistant.

Barre Outlook

La barre Outlook, située dans la partie gauche de l'écran, permet de naviguer entre les dossiers du logiciel (dont vous trouverez plus loin une description). Si elle n'apparaît pas, cliquez sur **Affichage**, **Barre Outlook**. Pour afficher le dossier de votre choix, cliquez sur son raccourci dans la barre Outlook : il s'affiche dans le volet central (voir Figure 9.1).

En bas de la barre Outlook apparaissent deux boutons qui permettent d'accéder aux autres barres de groupes. Pour ouvrir l'un de ces groupes, cliquez sur le bouton qui lui correspond. Sachez que :

- **Mes raccourcis** propose des dossiers qui aident à gérer, organiser et classer vos messages électroniques, envoyés ou reçus.
- **Autres raccourcis** propose un accès rapide aux dossiers ou fichiers présents dans une autre application.

OUTLOOK AUJOURD'HUI

2000

Ce dossier répertorie les activités du jour et permet d'accéder aux dossiers de la messagerie (voir Figure 9.2). C'est en quelque sorte le pense-bête de vos activités, de votre travail quotidien.

Personnaliser Outlook Aujourd'hui

Par défaut, le dossier Outlook Aujourd'hui affiche toutes les tâches à effectuer ainsi que le contenu de votre boîte de réception. Vous pouvez personnaliser les options de ce dossier et demander, par exemple, qu'il soit affiché automatiquement à l'ouverture du programme.

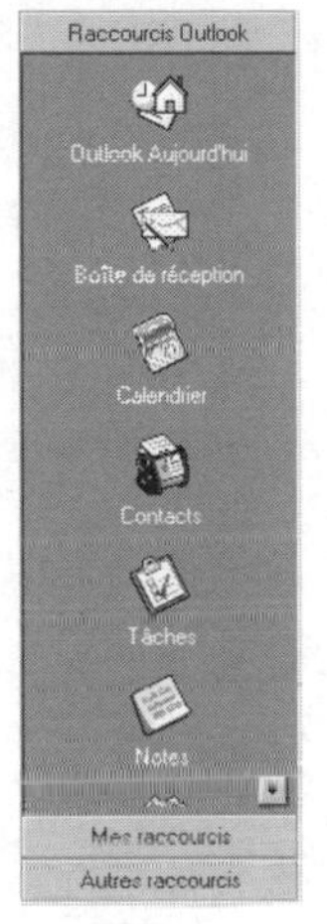

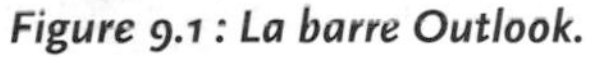

Figure 9.1 : La barre Outlook.

Pour personnaliser Outlook Aujourd'hui :

1. Dans le dossier Outlook Aujourd'hui, cliquez sur l'option **Personnaliser Outlook Aujourd'hui**.
2. Dans les options de personnalisation (voir Figure 9.3), définissez vos choix. Lorsque vous avez terminé, cliquez sur **Enregistrer les modifications**.

Figure 9.2 : Le dossier Outlook Aujourd'hui.

Calendrier

Ce dossier est le planning de votre activité. Il permet de gérer votre temps, de noter vos rendez-vous, de planifier vos réunions, d'établir une liste de vos tâches quotidiennes, etc. Pour l'afficher, cliquez sur **Calendrier** dans la barre Outlook. Le calendrier propose trois éléments fondamentaux : Emploi du temps, Navigateur de dates et Liste des tâches (voir Figure 9.4).

Contacts

Ce dossier est en fait votre carnet d'adresses. Vous allez pouvoir y mémoriser les adresses de vos clients, de vos prospects, de vos collaborateurs mais aussi de vos amis. Pour l'afficher, cliquez sur l'icône **Contacts** dans la barre Outlook (voir Figure 9.5).

Si vous êtes équipé d'un modem, vous pouvez composer rapidement un numéro de téléphone dans ce dossier, expédier un message électronique et même atteindre la page Web de l'un de vos correspondants. Pour apprendre à créer des contacts ou à téléphoner à l'un d'entre eux, référez-vous à l'Heure 10.

Le dossier Contacts constitue votre carnet d'adresses. A ce titre, il est disponible dans toutes les applications d'Office pour envoyer des messages, passer un coup de téléphone à partir d'une application, etc.

Tâches

Une tâche est une mission professionnelle ou personnelle que vous souhaitez suivre jusqu'à son terme (rapports, prospections, etc.). Le dossier Tâches permet de créer les différentes tâches, de suivre l'état de leurs réalisations, de les affecter à une autre personne, etc. Pour afficher ce dossier, cliquez sur l'icône **Tâches** dans la barre Outlook (voir Figure 9.6).

Pour connaître les procédures de création, de suppression et de suivi des tâches, référez-vous à la dixième heure.

Dossiers personnels - Options d'Outlook Aujourd'hui.
Personnaliser Outlook Aujourd'hui Enregistrer les modifications Annu
Démarrage Lors du démarrage, aller directement à Outlook Aujourd'hui
Messages Afficher ces fichiers : Sélection de dossi
Calendrier Afficher ce nombre de jours dans mon calendrier 5
Tâches Dans ma liste de tâches, afficher : Toutes les tâches
Tâches d'aujourd'hui
Inclure les tâches sans date d'échéance
Trier ma liste de tâches par : Date d'échéance puis par : (aucun)
Croissant
Décroissant
Croissant
Décroissant
Styles Afficher Outlook Aujourd'hui dans ce style Standard

Figure 9.3 : Personnalisez le dossier Outlook Aujourd'hui.

Calendrier - Microsoft Outlook
Fichier Edition Affichage Favoris Outils Actions ?
Nouveau Aller à ce jour 1 Jour 5 Semaine de travail 7 Semaine 31 Mois Rechercher
Raccourcis Outlook
Calendrier. 31 mars 1999
Outlook Aujourd'hui
Boîte de réception
Calendrier
Contacts
Tâches
Notes
Mes raccourcis
Autres raccourcis
0 élément(s)
mercredi 31 mars
08 00
09 00
10 00
11 00
12 00
13 00
14 00
15 00
16 00
17 00
mars 1999 avril 1999
l m m j v s d l m m j v s d
22 23 24 25 26 27 28 1 2 3 4
1 2 3 4 5 6 7 5 6 7 8 9 10 11
8 9 10 11 12 13 14 12 13 14 15 16 17 18
15 16 17 18 19 20 21 19 20 21 22 23 24 25
22 23 24 25 26 27 28 26 27 28 29 30 1 2
29 30 31 3 4 5 6 7 8 9
Liste des tâches
Cliquer ici pour ajouter un nouvel élément Tâc...
Aucun élément à afficher dans cet affichage.

Figure 9.4 : Le dossier Calendrier.

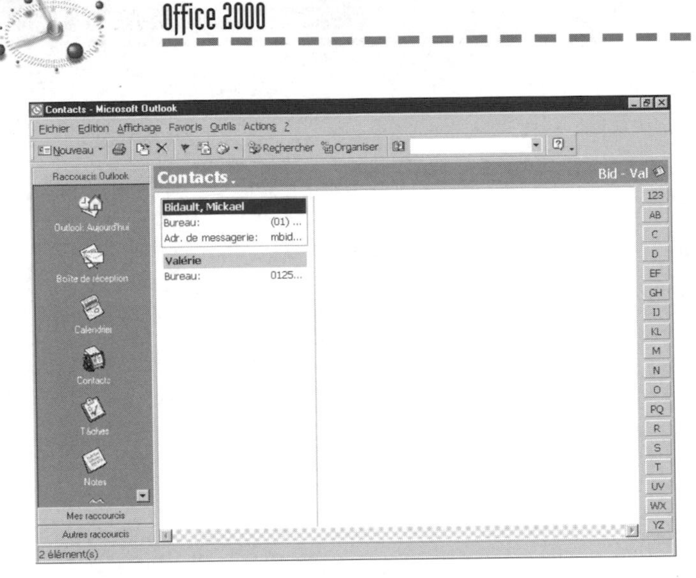

Figure 9.5 : Le dossier Contacts.

Journal

Ce dossier est le journal de bord de votre activité. Vous pouvez y enregistrer les interactions avec vos clients, mémoriser des éléments, des messages, etc. Vous pouvez aussi créer une entrée de journal sans rapport avec un élément. Pour afficher ce dossier, cliquez sur **Mes raccourcis** dans la barre Outlook, puis sur **Journal** (voir Figure 9.7).

Création d'entrée de journal

Vous pouvez créer deux types d'enregistrements dans le journal : l'enregistrement automatique et l'enregistrement manuel.

Pour créer manuellement une entrée de journal, sans lien avec un élément quelconque :

1. Cliquez sur le bouton **Nouveau** dans la barre d'outils Standard (voir Figure 9.8).
2. Dans la zone **Objet**, saisissez le libellé de votre entrée. Cliquez sur la flèche de l'option Type d'entrée et sélectionnez le

Figure 9.6 : Le dossier Tâches.

Figure 9.7 : Le dossier Journal.

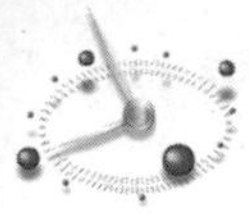

type voulu. Dans la zone **Société**, saisissez éventuellement le nom de la société concernée. Dans la zone **Début**, indiquez la date désirée. Cliquez sur le bouton **Catégories** si vous souhaitez indiquer une catégorie. Saisissez vos commentaires dans la zone de texte. Cliquez sur le bouton **Enregistrer et fermer** lorsque vous avez terminé.

Dans le dossier Journal, cliquez sur l'icône + en regard du type d'entrée de votre choix pour afficher la liste des entrées de ce type.

Figure 9.8 : Créez une entrée de journal.

Pour créer manuellement une entrée liée à un élément :

1. Sélectionnez l'élément (contact, tâche, message, etc.), cliquez sur **Outils**, **Enregistrer dans le journal**.
2. Faites les modifications désirées dans la boîte de dialogue qui s'affiche. Cliquez sur le bouton **Enregistrer et fermer**.

Pour supprimer une entrée de journal, cliquez sur celle-ci dans la liste, puis sur le bouton **Supprimer** dans la barre d'outils.

Pour créer automatiquement des entrées de journal :

1. Dans le dossier Journal, cliquez sur **Outils**, **Options**.
2. Dans la boîte de dialogue qui s'affiche, cliquez sur le bouton **Options du journal**. Cochez la case des éléments que vous

souhaitez enregistrer dans le journal. Cliquez sur le ou les contacts pour lesquels vous souhaitez enregistrer les éléments. Si vous souhaitez enregistrer dans le journal tous les éléments d'une application, cliquez sur sa case dans la zone **Enregistrer aussi les fichiers à partir de**. Cliquez sur **OK**.

Désormais, toutes les activités se déroulant dans les applications, le contact ou la tâche que vous avez sélectionnés seront enregistrés dans le dossier Journal.

*Pour supprimer l'enregistrement automatique d'une activité, d'un contact, etc., cliquez sur **Outils, Options**, puis sur le bouton **Options du journal**. Pointez le type d'entrée à supprimer, puis cliquez sur le bouton droit. Sélectionnez **Supprimer** dans le menu contextuel qui s'affiche. Cliquez sur **OK** pour valider votre suppression.*

NOTES

Outlook propose une version électronique des Post-it. Utilisez-les pour noter vos idées ou comme pense-bête : notez-y des bouts de texte que vous pourrez utiliser lors de votre prochaine tâche ou de votre prochain message électronique.

Pour créer une note, cliquez sur **Notes** dans la barre Outlook. Ensuite, cliquez sur le bouton **Nouvelle note**, puis saisissez le texte de la note (voir Figure 9.9). Lorsque vous avez terminé, cliquez sur le bouton **Fermer**.

Voici une très jolie note, n'est-ce pas ?

31/03/99 14:25

Figure 9.9 : Une très jolie note.

Pour personnaliser une note, cliquez sur l'icône de la note, dans l'angle supérieur gauche de la fenêtre Note, pointez sur **Couleur**, puis choisissez une couleur.

Pour ouvrir une note, double-cliquez dessus. Elle s'affiche par-dessus toutes les autres fenêtres du Bureau. Si vous changez de fenêtre, la note passe à l'arrière-plan. Pour la retrouver, il suffit de cliquer sur son bouton dans la barre des tâches.

Boîte de réception

La Boîte de réception permet d'organiser le courrier électronique et d'afficher les messages reçus (voir Figure 9.10). C'est le dossier qui s'affiche par défaut au lancement d'Outlook. Il présente la liste des messages reçus. Pour en lire un, double-cliquez dessus dans la liste. Vous pouvez aussi y répondre et envoyer vos propres messages. Vous étudierez plus précisément ce dossier au cours de la dixième heure.

Figure 9.10 : Le dossier Boîte de réception répertorie les messages électroniques reçus et envoyés.

Création des contacts

Dans ce dossier, vous allez répertorier la totalité de vos clients, de vos collaborateurs, de vos prospects ainsi que leurs adresses, numéros de téléphone, e-mail, etc. Lorsque vous aurez créé l'ensemble de vos cartes de visite, vous pourrez les consulter à tout moment pour vos courriers ou téléphoner directement à l'un de vos contacts par l'intermédiaire de ce dossier (si vous possédez un modem).

Pour créer une carte de visite, cliquez sur le bouton **Nouveau** dans la barre d'outils (voir Figure 9.11). Cliquez sur le bouton **Nom complet**, saisissez le titre, le nom et le prénom de la personne concernée, puis cliquez sur **OK**. Saisissez toutes les autres options désirées. Une fois que vous avez terminé, cliquez sur le bouton **Enregistrer et nouveau** pour enregistrer votre carte de visite et ouvrir une nouvelle carte vierge, ou cliquez sur le bouton **Enregistrer et fermer** si vous ne souhaitez pas saisir d'autres cartes de visite.

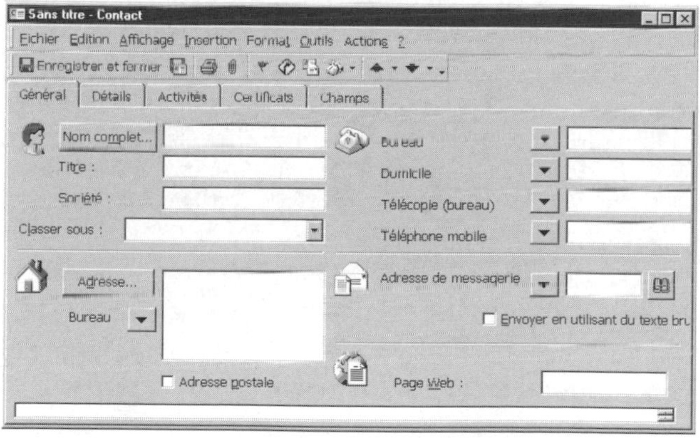

Figure 9.11 : La boîte de dialogue qui permet de créer une carte de visite.

Une fois que vous aurez saisi vos cartes de visite, celles-ci s'afficheront dans le dossier Contacts, en ordre alphabétique. Lorsque

vous souhaitez accéder à l'une d'elles, cliquez sur la lettre initiale du nom du contact dans l'onglet alphabétique.

Pour sélectionner une carte de visite, cliquez dessus. Pour afficher toutes les informations qu'elle contient, double-cliquez sur la carte.

Téléphoner à partir d'une carte de visite

Vous allez pouvoir transformer votre ordinateur en téléphone programmable grâce à Outlook mais ce uniquement si vous possédez un modem connecté à votre ordinateur et à votre ligne téléphonique, et à condition que votre téléphone soit branché sur votre modem.

Pour téléphoner, cliquez sur la carte de visite de la personne que vous souhaitez appeler, puis sur le bouton **Numérotation** dans la barre d'outils Standard (voir Figure 9.12). Cliquez sur le numéro à appeler. La boîte de dialogue Nouvel appel s'affiche. Cliquez sur le bouton **Début de l'appel**. Outlook compose le numéro de votre correspondant et affiche une boîte dialogue vous invitant à décrocher votre téléphone. Cliquez sur le bouton **Parler** lorsque vous obtenez votre correspondant. Cliquez sur **Raccrochez** une fois la conversation terminée.

Figure 9.12 : Appelez un client ou un prospect à partir d'Outlook.

Envoyer des messages électroniques à vos contacts

Si votre contact possède une adresse de messagerie électronique, vous pouvez lui expédier un message à partir du dossier Contacts.

Pour envoyer un message électronique, cliquez sur la carte de visite de la personne, puis sur le bouton **Nouveau message au contact** dans la barre d'outils Standard. Une boîte de dialogue s'affiche avec un nouveau message contenant l'adresse de la personne que vous avez sélectionnée. Saisissez un titre dans la zone de texte **Objet**, saisissez le message complet dans la grande zone de message située dans la partie inférieure de la boîte de dialogue, puis cliquez sur le bouton **Envoyer**.

GESTION DES TÂCHES

Pour créer une tâche, cliquez sur l'icône du dossier Tâches dans la barre Outlook. Cliquez sur le bouton **Nouveau** dans la barre d'outils Standard (voir Figure 9.13). Cliquez si besoin sur l'onglet **Tâche** pour l'afficher. Dans la zone **Objet**, saisissez le sujet ou la définition de votre tâche. Dans la zone **Echéance**, cochez dans la case de l'option **Aucune** si vous ne souhaitez pas dater la fin de votre tâche, ou alors cochez dans la case de l'option **Echéance** pour indiquer une date. Indiquez si nécessaire le début de l'échéance dans les options **Début** et **Echéance**. L'option **Etat** permet de sélectionner un choix d'avancée dans la réalisation de la tâche. Vous pouvez aussi indiquer un niveau de priorité, un pourcentage de réalisation, un signal de rappel, une catégorie, etc. Une fois vos choix définis, cliquez sur le bouton **Enregistrer et fermer**. La tâche que vous venez de créer s'affiche dans la liste des tâches du dossier Tâches ainsi que dans celle du dossier Calendrier.

Lorsqu'une tâche est terminée, cliquez sur la case à cocher qui la précède dans la liste des tâches. Une coche s'affiche dans la case et Outlook la raye pour indiquer que vous l'avez terminée. Si vous souhaitez la supprimer, sélectionnez-la, puis cliquez sur le bouton **Supprimer** dans la barre d'outils Standard.

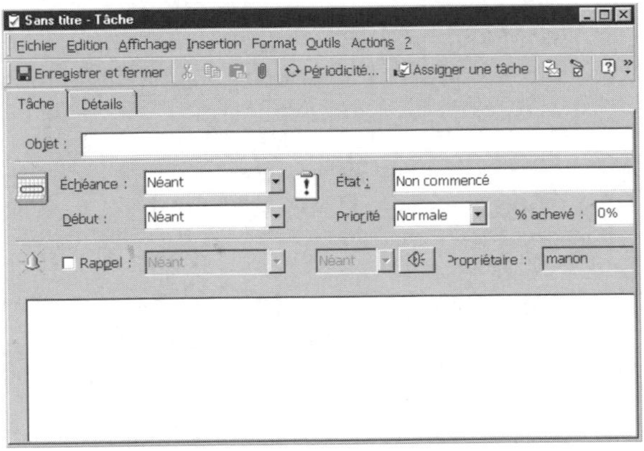

Figure 9.13 : Créez votre tâche en complétant les différentes zones et options.

Heure 10

Fonctions avancées d'Outlook

Au sommaire de cette heure

- Utilisations du Calendrier
- Envoyer et recevoir des messages électroniques

Au cours de cette heure, vous allez étudier les fonctions avancées d'Outlook telles que la création de rendez-vous, l'organisation de réunions, l'envoi de messages, etc.

Utilisations du Calendrier

Outlook met à votre disposition un calendrier pour noter vos rendez-vous, planifier vos réunions, organiser votre planning et prévoir vos vacances. Vous pouvez aussi lui demander de vous rappeler un rendez-vous peu de temps avant l'heure prévue pour ne pas être en retard.

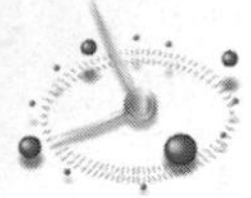

Avant de découvrir les différentes procédures à réaliser pour noter et planifier tout votre emploi du temps, faites connaissance avec les différents termes utilisés dans Outlook :

- Un *rendez-vous* a une incidence sur votre temps de travail mais ne concerne que votre propre emploi du temps.
- Une *réunion* a une incidence sur votre temps de travail mais a aussi une résonance sur l'emploi du temps des gens qui doivent y assister.
- Un *événement* est une activité qui couvre la totalité d'une journée mais qui n'a pas de répercussion sur votre emploi du temps. Un événement annuel revient périodiquement.

Personnalisez votre emploi du temps en fonction de vos différentes activités. Par exemple, vous ne travaillez jamais le mercredi afin de vous occuper de vos chérubins ou bien vous avez un golf tous les vendredis après-midi. Bien sûr, vous connaissez ces petites plages de temps libre et il est inutile de vous les rappeler. Mais, dans le cadre d'une implantation en réseau et si l'un de vos collaborateurs souhaite vous convier à une réunion, il n'est pas censé savoir que c'est le vendredi vers 16 h que vous assommez régulièrement votre professeur de golf !

Pour personnaliser votre emploi du temps :

1. Cliquez sur **Outils**, **Options**.
2. Cliquez sur le bouton **Options du calendrier**. Définissez les choix proposés (jours de travail, premier jour de votre semaine de travail, vos horaires de travail, etc.) [voir Figure 10.1].

Affichages

Outlook permet de modifier l'affichage du Calendrier : cliquez sur **Affichage**, **Affichage actuel**. Dans le sous-menu, sélectionnez un affichage.

Par défaut, une seule journée est affichée dans le calendrier. Si vous souhaitez modifier ce paramètre, cliquez sur l'un des boutons proposés dans la barre d'outils (Aller à ce jour, Semaine de travail, etc.) [voir Figure 10.2].

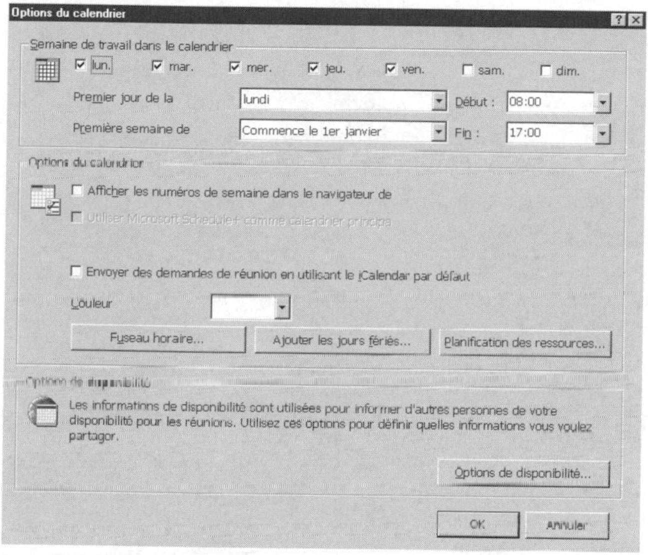

Figure 10.1 : Personnalisez votre emploi du temps dans la boîte de dialogue Options du calendrier.

Noter un rendez-vous

Pour noter un rendez-vous, deux procédures sont proposées, l'une rapide et simple, l'autre un peu longue mais plus précise.

Pour créer rapidement un rendez-vous, cliquez sur le jour de votre choix dans le Navigateur de dates. Le jour sélectionné s'affiche dans l'emploi du temps. Cliquez sur la tranche horaire désirée. Saisissez le libellé de votre rendez-vous, puis appuyez sur la touche **Entrée** pour le valider.

Pour créer un rendez-vous plus détaillé, cliquez sur le bouton **Nouveau** dans la barre d'outils Standard. La boîte de dialogue Sans titre – Rendez-vous s'affiche (voir Figure 10.3). Au besoin, cliquez sur l'onglet **Rendez-vous**. Définissez les options suivantes :

- **Objet.** Permet de saisir la description du rendez-vous.

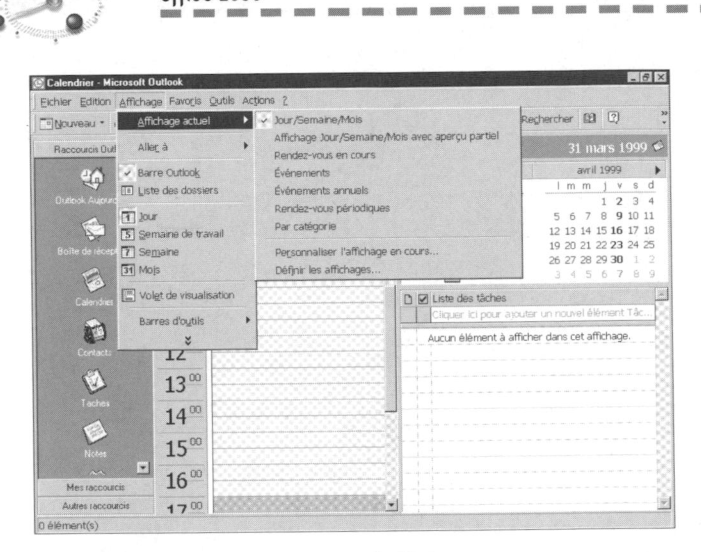

Figure 10.2 : Les principaux types d'affichages.

- **Emplacement.** Permet de préciser l'endroit où doit se dérouler le rendez-vous.
- **Début.** Ouvre une liste déroulante de dates et d'heures. Si le rendez-vous doit durer toute la journée, cochez la case **Journée entière** pour l'activer.
- **Fin.** Ouvre une liste déroulante qui permet de préciser la date et l'heure de fin prévues pour le rendez-vous.
- **Rappel.** Permet d'activer ou de désactiver un signal sonore et de définir combien de temps avant le rendez-vous vous souhaitez être prévenu.
- **Disponibilité.** Permet de préciser le statut d'une tranche horaire donnée. Par exemple, lorsque vous êtes en stage de formation, notez cette journée avec l'option "Absent(e) du bureau".
- **Zone de texte.** Permet de saisir d'autres informations relatives à ce rendez-vous.

Une fois que vous avez terminé de définir les options, cliquez sur le bouton **Enregistrer et fermer** : votre rendez-vous s'affiche dans

l'emploi du temps (voir Figure 10.4). Selon les options choisies, un certain nombre de symboles s'affichent, permettant de visualiser plus rapidement les options du rendez-vous.

Figure 10.3 : La boîte de dialogue Rendez-vous.

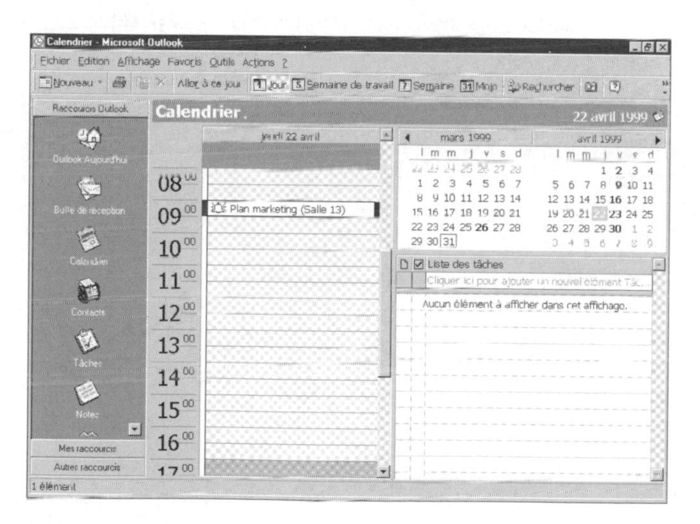

Figure 10.4 : Le nouveau rendez-vous s'affiche.

Pour décaler un rendez-vous dans la même journée, cliquez sur le cadre de la tranche horaire le contenant, maintenez le bouton enfoncé, puis faites glisser dans la nouvelle tranche horaire.

Pour supprimer un rendez-vous, cliquez du bouton droit sur la tranche horaire du rendez-vous, puis sélectionnez **Supprimer**.

Pour allonger ou diminuer la durée d'un rendez-vous, faites glisser le trait supérieur ou inférieur de la tranche horaire le contenant.

Rendez-vous périodique

Lorsqu'un rendez-vous se répète plusieurs fois dans le mois ou dans l'année (par exemple la réunion marketing du vendredi), Outlook permet de ne saisir qu'une fois ce rendez-vous et d'indiquer qu'il est périodique. Vous n'aurez donc pas à saisir votre rendez-vous pour tous les vendredis de l'année.

Pour créer un rendez-vous périodique :

1. Double-cliquez sur le cadre du rendez-vous à définir comme périodique ou cliquez sur le bouton **Nouveau**. Cliquez sur le bouton **Périodicité** dans la barre d'outils de la boîte de dialogue (voir Figure 10.5).
2. Définissez la fréquence, la durée, la périodicité, etc. Cliquez sur **OK** pour valider vos choix dans la boîte de dialogue Périodicité. Cliquez sur le bouton **Enregistrer et fermer** dans la boîte de dialogue du rendez-vous.

Planifier une réunion

Avec Outlook, fini les appels téléphoniques répétitifs auprès de vos différents collaborateurs pour savoir quels jours ils sont disponibles en vue de planifier la prochaine réunion commerciale. Outlook met à votre disposition le Gestionnaire de réunion qui permet de définir la plage horaire susceptible de convenir à tous. Le seul impératif, pour le bon fonctionnement de cet outil, c'est que vos collaborateurs utilisent tous Outlook, avec une mise à jour correcte de leur emploi du temps.

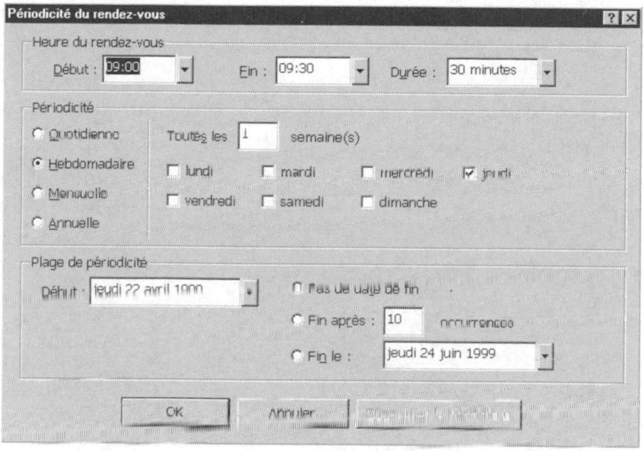

Figure 10.5 : La boîte de dialogue Périodicité.

Pour organiser une réunion :

1. Cliquez sur **Actions**, **Nouvelle demande de réunion**. Définissez la réunion (date, heure, etc.). Cliquez sur **l'onglet Disponibilité des participants**, puis sur le bouton **Inviter d'autres personnes**. La boîte de dialogue Sélectionner les participants et les ressources s'affiche : elle répertorie les différents contacts créés dans le carnet d'adresses (voir Figure 10.6).
2. Au besoin, cliquez sur la flèche de la liste déroulante **Afficher les noms de**, puis cliquez sur le carnet d'adresses à utiliser pour choisir les noms des différents participants : **Contacts**, **Carnet d'adresses Outlook** ou **Carnet d'adresses personnel**. Pour inviter quelqu'un à la réunion, cliquez sur son nom dans la liste, puis sur l'un des boutons proposés (Obligatoire, Facultatif et Ressources). Cliquez sur **OK** une fois tous les participants pris en compte.
3. Pour vérifier la disponibilité de chaque participant, cliquez sur son nom, puis utilisez la barre de défilement, sous la zone de planning, pour sélectionner une heure disponible pour tout le monde ou alors cliquez sur le bouton **Sélection automatique** pour atteindre la prochaine tranche horaire disponible pour tous les participants. Lorsque vous avez trouvé

une heure qui satisfait tout le monde, faites glisser les barres verticales qui marquent le début et la fin de la réunion. Cliquez du bouton droit sur chaque participant et sélectionnez **Envoyer la réunion à ce participant**. Cliquez sur **Envoyer** et fermez la boîte de dialogue.

Outlook envoie la convocation à toutes les personnes invitées. Les réponses arriveront dans votre dossier Boîte de réception.

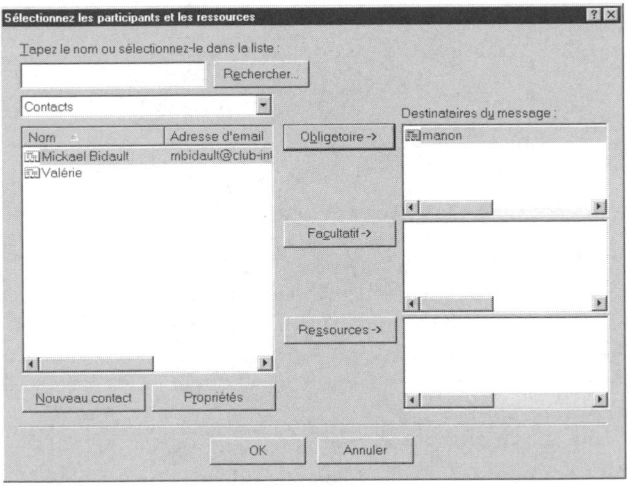

Figure 10.6 : Sélectionnez les participants à votre réunion.

Noter un événement

Les événements permettent de mémoriser les dates importantes et d'éviter de regrettables oublis. Oubliez le visage morose de votre femme (ou de votre mari) la dernière fois que vous avez oublié son anniversaire : grâce à Outlook, cela n'arrivera plus. A condition d'avoir noté la date dans votre agenda, bien évidemment.

Pour noter un événement, cliquez sur **Actions**, **Nouvel événement d'une journée entière** (voir Figure 10.8). Indiquez l'objet de l'événement. Saisissez le lieu de l'événement dans l'option **Emplacement**. Cliquez sur la flèche de l'option **Début**, puis sélec-

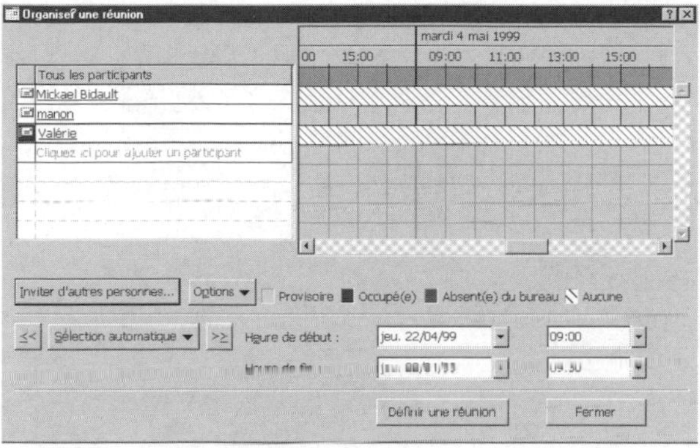

Figure 10.7 : Vérifiez la disponibilité des participants à la réunion.

tionnez un jour. Cliquez sur la flèche de l'option **Fin**, puis sélectionnez le jour. Si nécessaire, cochez l'option **Journée entière**. Si vous le souhaitez, cochez la case **Rappel**, puis cliquez sur la flèche et sélectionnez la durée avant laquelle vous voulez qu'Outlook émette le signal sonore. Si vous le souhaitez, indiquez votre disponibilité, notez des commentaires et sélectionnez une catégorie. Une fois que vous avez terminé, cliquez sur le bouton **Enregistrer et fermer**.

L'événement s'affiche en tête de l'emploi du temps du jour concerné, dans une partie grisée.

Pour supprimer un événement, cliquez dessus dans l'emploi du temps, puis cliquez sur le bouton **Supprimer** dans la barre d'outils Standard.

*Pour modifier un événement, double-cliquez sur l'événement dans l'emploi du temps. Faites vos modifications dans la boîte de dialogue qui s'affiche, puis cliquez sur le bouton **Enregistrer et fermer**.*

Figure 10.8 : Créer un événement est une opération très simple et rapide.

ENVOYER ET RECEVOIR DES MESSAGES ÉLECTRONIQUES

Lorsque vous lancez Outlook la première fois, la Boîte de réception contient un seul message, celui de Microsoft qui vous souhaite la bienvenue. Par la suite, les messages s'afficheront dans ce dossier. Par défaut, le dossier Boîte de réception est celui qui s'affiche lorsque vous lancez Outlook.

Pour aider à mieux gérer les messages, regardez les indicateurs qui s'affichent en tête des colonnes, dans le haut de la zone de consultation (voir Figure 10.9) :

- **Importance.** Affiche une icône qui signale si l'expéditeur a marqué un ordre d'importance pour son message.
- **Icône.** Représente une enveloppe fermée. Quand vous double-cliquez sur un message pour le lire, l'enveloppe est ouverte.
- **Etat de l'indicateur.** Affiche un drapeau si vous avez choisi de marquer le message pour le relire plus tard ou pour y répondre.

- **Pièce jointe.** Spécifie que l'expéditeur a lié un fichier au message. Dans ce cas, soit vous visualisez ce fichier, soit vous l'enregistrez sur votre disque dur.
- **De.** Affiche le nom de l'expéditeur.
- **Objet.** Affiche un court descriptif du message.
- **Reçu.** Affiche la date et l'heure de réception du message.

Figure 10.9 : La boîte de réception affiche les messages que vous avez reçus.

Pour lire un message, double-cliquez dessus dans la liste.

Pour trier les messages en fonction de leur objet ou de leur importance, cliquez sur l'en-tête correspondant à l'indicateur à partir duquel vous souhaitez trier vos messages. Par exemple, si vous souhaitez trier vos messages par importance, cliquez sur **Importance**.

Si vous souhaitez que les indicateurs s'affichent dans un ordre différent, cliquez sur l'en-tête à déplacer, puis faites-le glisser à l'endroit de votre choix. Pour supprimer l'un des en-têtes, cliquez dessus, puis faites-le glisser en dehors de la barre.

Le bouton Mes raccourcis, au bas de la barre Outlook, propose d'autres dossiers pour la messagerie. Ce groupe permet de classer vos messages envoyés, ceux que vous enverrez plus tard et les divers éléments que vous avez supprimés.

Configuration de la messagerie

Pour qu'Outlook affiche votre courrier, il doit savoir avec quel service de messagerie vous travaillez.

Une fois que vous avez installé le logiciel de service d'informations, ajoutez-le à la liste des services que Outlook sait utiliser :

1. Cliquez sur **Outils**, **Comptes** : les services d'informations que Outlook sait utiliser pour le moment sont répertoriés.
2. Cliquez sur le bouton **Ajouter**, puis sur le nom du service dans la liste, et enfin sur **OK**.

3. Il est possible que l'Assistant demande des informations supplémentaires en fonction du service d'informations que vous souhaitez installer. Par exemple, il peut vous demander votre nom et votre numéro de télécopie, ou de sélectionner le fax/modem que vous utiliserez. Lorsque vous avez terminé, cliquez sur **OK**.

Désormais, vous pouvez utiliser Outlook pour gérer votre messagerie.

Envoi de messages

Pour créer un message, cliquez sur le bouton **Nouveau** dans la barre d'outils Standard (voir Figure 10.10). Dans la zone de texte **A**, saisissez l'adresse de messagerie de la personne à laquelle vous souhaitez envoyer ce message. Si vous l'avez saisie dans le dossier Contacts, inutile de recommencer. Il suffit de cliquer sur le bouton **A**, puis de sélectionner le nom de la personne dans la liste de la boîte de dialogue qui s'affiche. Si vous souhaitez envoyer une copie de ce message à une autre personne, cliquez sur le bouton **Cc**, puis sélectionnez la personne en copie dans la liste ou bien saisissez son URL (adresse de messagerie) dans la zone de texte. Lorsque vous devez saisir plusieurs adresses, séparez-les par un deux-points (:).

Figure 10.10 : Créez votre message.

Une fois que vous avez complété les zones des destinataires, vous devez impérativement compléter la zone **Objet**. Ensuite, dans la partie inférieure de la fenêtre, saisissez le message. Si vous n'envoyez que ce texte, cliquez sur le bouton **Envoyer**. En revanche, si vous souhaitez joindre un fichier à votre message ou bien indiquer une option quelconque comme l'importance, choisissez l'une des procédures suivantes :

- Pour mettre en forme le texte, faites glisser votre pointeur sur le texte concerné, puis choisissez une police, une taille et des attributs dans la barre d'outils.
- Pour joindre un fichier à votre message, cliquez sur le bouton **Insérer un fichier**, puis sélectionnez le fichier à joindre dans la boîte de dialogue qui s'affiche.
- Pour marquer le message, cliquez sur le bouton **Indicateur de message**. Dans la boîte de dialogue qui s'affiche, spécifiez les options (**Assurer un suivi**, **Corriger**, **Date d'échéance**, etc.).
- Pour indiquer le degré d'importance du message, cliquez sur le bouton **Importance Haute** ou **Importance Faible**.
- Le bouton **Options** propose d'autres choix comme créer des boutons de vote, d'acceptation, de refus, etc. (voir Figure 10.11).

Réception de messages

Lorsque vous travaillez dans Outlook et que vous souhaitez savoir si vous avez de nouveaux messages, cliquez sur **Outils**, **Vérifier l'arrivée de nouveau courrier** ou appuyez sur la touche **F5**. Outlook se connecte alors à tous les serveurs que vous avez installés, récupère les messages, puis les affiche dans la liste de votre Boîte de réception.

Pour prendre connaissance du message, double-cliquez dedans. Outlook l'affiche alors dans une fenêtre de message. Cette fenêtre propose différents boutons :

- **Répondre.** Permet d'envoyer un message de réponse à l'expéditeur. Cliquez sur ce bouton pour ouvrir une fenêtre de mes-

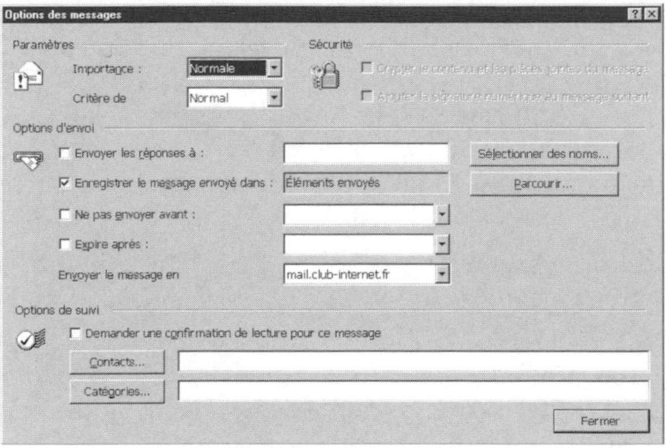

Figure 10.11 : Les options proposées pour les messages.

sage qui comprend déjà l'adresse du destinataire (l'expéditeur du message). D'autre part, le texte du message d'origine s'affiche dans la zone de texte. Vous pouvez l'effacer ou le conserver. Saisissez votre réponse, puis cliquez sur le bouton **Envoyer**.

- **Répondre à tous.** Permet d'adresser une réponse à toutes les personnes figurant sur les listes **A** ou **Cc**.
- **Transférer.** Permet d'envoyer directement le message à une autre personne.
- **Elément précédent** ou **Elément suivant.** Permet de naviguer dans la totalité de vos messages.

Heure 11

Fonctions de base de Publisher

AU SOMMAIRE DE CETTE HEURE

- Découverte
- Création d'une composition
- Déplacements dans une composition
- Affichages
- Cadres
- Saisie de texte
- Arrière-plan

Au cours de cette heure, vous allez étudier les fonctions de base de Publisher telles que les cadres, les affichages, l'insertion de texte, etc.

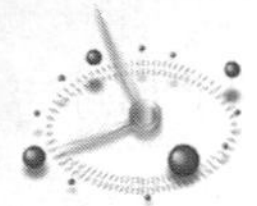

DÉCOUVERTE

Pour lancer Publisher, cliquez sur **Démarrer**, **Programmes**, **Microsoft Publisher**.

Boîte de dialogue Catalogue

A l'ouverture de Publisher, la boîte de dialogue Catalogue s'affiche (voir Figure 11.1) : elle permet de choisir un Assistant, d'ouvrir une composition existante ou encore de choisir un style. Sachez que :

- **L'onglet Compositions par Assistant.** Permet d'utiliser un Assistant qui vous guide tout au long de la création.
- **L'onglet Compositions par style.** Permet de choisir un type de composition créée par rapport à un style tel que géométrie, ribambelle, etc.
- **L'onglet Compositions vierges.** Permet de choisir un type prédéfini de composition selon l'usage que vous souhaitez en faire (page Web, carte postale, etc.).
- **Le bouton Fichiers existants.** Permet d'ouvrir une composition déjà créée.
- **Le bouton Modèles.** Permet de sélectionner un modèle d'Office pour créer la composition.

*Pour afficher de nouveau la boîte de dialogue Catalogue, cliquez sur **Fichier, Nouveau.***

Pour ouvrir une composition existante, dans la boîte de dialogue Catalogue, cliquez sur le bouton **Fichiers existants** (voir Figure 11.2), puis double-cliquez sur la composition à ouvrir.

Composition avec assistance

Afin de faciliter le travail, Publisher propose un certain nombre de possibilités pour réaliser rapidement une composition. Ces outils sont les Assistants et les modèles (ou styles) [voir la Partie I, Chapitres 1 et 2 de cet ouvrage].

Catalogue

Catalogue Microsoft Publisher

Compositions par Assistant | Compositions par style | Compositions vierges

Assistants

Compositions rapides
Bulletins
Sites Web
Brochures
Catalogues
Prospectus
Panneaux
Cartes postales
Cartes d'invitation
Cartes de voeux
Cartes de visite
En-têtes de lettre
Enveloppes
Formulaires
Bannières
Calendriers
Annonces
Diplômes
Chèques-cadeaux

Compositions rapides

Titre
Composition rapide Amour

Titre
Composition rapide Angles droits

Titre

Titre

Fichiers existants... | Modèles... | Démarrer l'Assistant | Quitter le Catalogue

Figure 11.1 : La boîte de dialogue Catalogue permet de choisir un Assistant, un style, une composition vierge ou une composition existante.

Ouvrir une composition

Regarder dans : Mes Documents

Outils

Historique
Mes Documents
Bureau
Favoris
Dossiers Web

Bmp
Config
Data
Mes images
Nouveau site Web
Vocal
Anciens documents Excel

Nom du fichier :

Type de fichiers : Fichiers Publisher

Ouvrir

Annuler

Figure 11.2 : Sélectionnez une composition déjà créée.

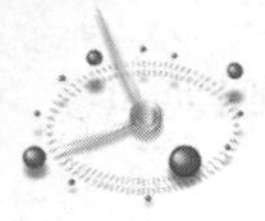

Utilisez les Assistants ou les modèles lorsque vous souhaitez réaliser rapidement une composition efficace, esthétique et rationnelle et que vous disposez de peu de temps.

CRÉATION D'UNE COMPOSITION

Nous l'avons dit, la boîte de dialogue Catalogue est le point central de la gestion des compositions. C'est donc à partir de celle-ci que vous pouvez ouvrir une composition vierge :

1. Dans la boîte de dialogue Catalogue, cliquez sur l'onglet **Compositions vierges** (voir Figure 11.3). Cliquez sur la catégorie dans le volet de gauche, puis sur le type dans le volet de droite.
2. Cliquez sur le bouton **Créer**.

Lors du choix d'une nouvelle composition, vous pouvez indifféremment cliquer sur sa description textuelle dans le volet de gauche ou sur sa description graphique dans le volet de droite.

Figure 11.3 : Choisissez le type de la nouvelle composition dans la boîte de dialogue Catalogue, onglet Compositions vierges.

GESTION DES PAGES

Par défaut, une composition vierge contient une seule page, au format que vous avez choisi. Vous pouvez parfaitement ajouter, supprimer, déplacer ou copier des pages dans une composition.

Insertion de page

Une composition comprend rarement une seule page ; voici comment y insérer des pages :

1. Cliquez sur **Insertion**, **Page** (voir Figure 11.4).
2. Définissez le nombre de pages que vous souhaitez insérer dans la zone Nombre de nouvelles pages. Ensuite, définissez l'endroit où vous souhaitez insérer les pages (avant ou après la page déjà existante). Cliquez sur **OK**.

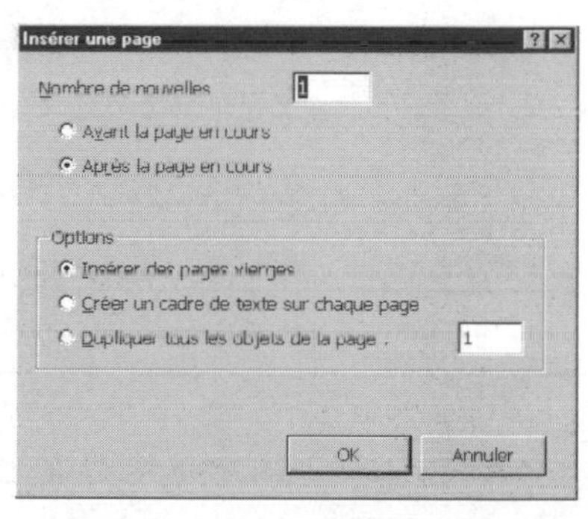

Figure 11.4 : Insérez rapidement des pages à l'aide de la boîte de dialogue Insertion de page.

La nouvelle feuille s'affiche, numérotée, dans la barre d'état.

Suppression de page

Pour supprimer une page vierge, il suffit de cliquer sur **Edition**, **Supprimer la page**. Confirmez la suppression en cliquant sur **OK**.

Copie de page

Si vous souhaitez créer plusieurs pages du même genre, la solution est de copier la page :

1. Placez-vous sur la page à dupliquer. Cliquez sur **Insertion**, **Page**.
2. Activez l'option **Dupliquer tous les objets de la page**. Indiquez le nombre de copies que vous souhaitez dans la zone Nombre de nouvelles pages. Indiquez à quel endroit elles doivent être insérées, puis cliquez sur **OK**.

DÉPLACEMENTS DANS UNE COMPOSITION

La méthode la plus simple et la plus rapide est d'utiliser la barre d'état (voir Figure 11.5). Dans cette barre, le numéro de la page active à l'écran s'affiche dans la zone Page. Pour vous déplacer entre les pages, cliquez sur l'icône symbolisant la page à afficher.

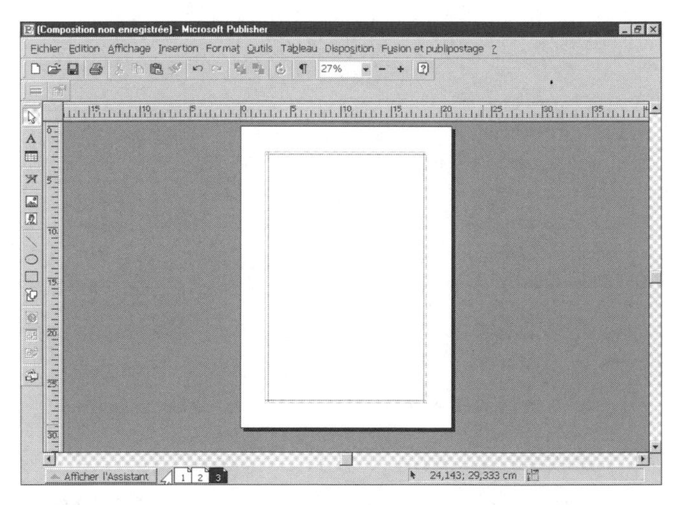

Figure 11.5 : La barre d'état permet de se déplacer rapidement d'une page à une autre.

Pour vous déplacer dans la page, utilisez les barres de défilement : faites glisser la barre dans le sens où vous souhaitez vous déplacer.

AFFICHAGES

Les options d'affichage dans Publisher sont extrêmement nombreuses. L'affichage des pages correspond à la façon dont vous allez visualiser la page dans l'écran et, éventuellement, choisir d'afficher certains caractères spéciaux. Par défaut, l'affichage des pages des compositions est en page simple, avec un zoom de 33 %.

Lorsque vous créez une composition qui contient plusieurs pages, vous pouvez choisir d'afficher deux pages côte à côte. Cliquez sur **Affichage, Page double** (voir Figure 11.6). Pour naviguer entre les deux pages dans l'affichage en page double, il suffit de cliquer sur la page sur laquelle vous souhaitez travailler. Pour revenir à un affichage en page simple, cliquez sur **Affichage, Page double** pour le désactiver.

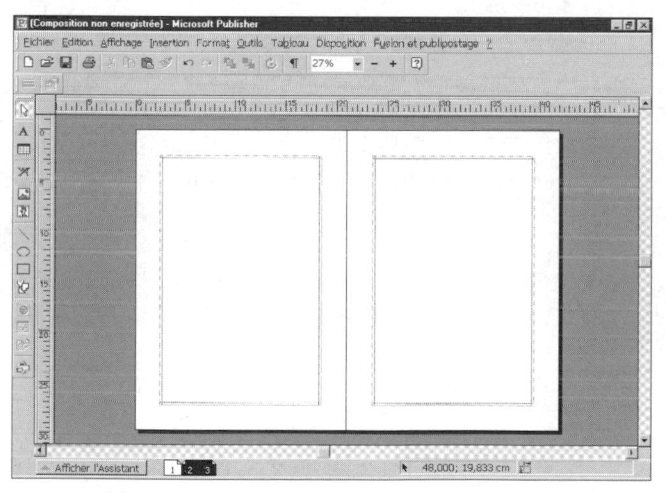

Figure 11.6 : Vous pouvez afficher deux pages côte à côte.

27%

Pour modifier la taille d'affichage d'une page, cliquez sur la flèche de la liste déroulante Zoom et sélectionnez le mode d'affichage. Vous pouvez aussi cliquer sur **Affichage, Zoom**.

*L'option **Page entière** de la commande Zoom affiche la totalité de la page à l'écran, avec un zoom à 33 %.*

CADRES

Dans Publisher, tout ce que vous créez doit obligatoirement être inclus dans des cadres. Cette notion est valable pour tous les logiciels de PAO même si, parfois, cette notion est transparente. Pourquoi le cadre ? Parce que c'est la façon la plus pratique de gérer du texte, une image, etc., de les placer convenablement, de les déplacer, etc. Pour une meilleure compréhension, faisons un parallèle avec le puzzle. Au moment où vous commencez un puzzle, vous savez ce que vous devez représenter au final. L'ensemble de la page est cette notion finale, chaque cadre que vous insérerez en étant une pièce (puzzle).

Insertion de cadre

Chaque élément à s'insére à partir d'un cadre qui lui est spécifique (cadre de texte, d'image, etc.). Pour insérer un cadre :

1. Cliquez sur l'icône **Outil Cadre...** dans la barre Objets.
2. Cliquez dans la page, puis faites glisser afin de dessiner un cadre (voir Figure 11.7).

Pour aller encore plus vite, après avoir sélectionné l'outil Cadre, double-cliquez n'importe où dans la page : le cadre s'insère automatiquement.

*Si, lorsque vous cliquez dans la page, vous ne créez pas de cadre de texte, cliquez sur **Outils, Options**. Dans l'onglet Edition, activez l'option **Créer un objet d'un seul clic**. Cliquez sur **OK**.*

Sélection et action sur un cadre

Pour pouvoir agir sur les cadres de texte que vous avez insérés, vous devez les sélectionner. Pour sélectionner un cadre, il suffit de cliquer dessus. Le cadre s'entoure alors de petits carrés noirs,

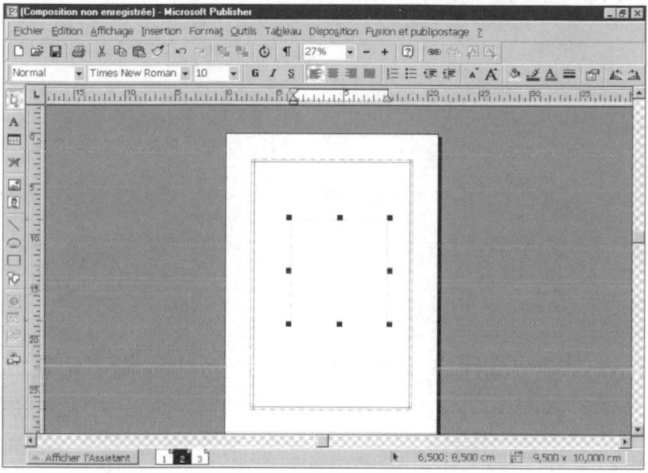

Figure 11.7 : Insérez un cadre de texte.

appelés *poignées*, sur lesquels vous cliquez pour déplacer et redimensionner le cadre.

Selon la poignée que vous pointez, un symbole apparaît ainsi qu'une description textuelle qui indique l'action déclenchée. Référez-vous au Tableau 11.1 pour connaître l'utilisation de chaque pointeur.

Tableau 11.1 : Descriptif des pointeurs symboles

Pointeur	Action
 DÉPLACER	Déplace la sélection
 TAILLE	Agrandit ou diminue la sélection vers la droite

Tableau 11.1 : Descriptif des pointeurs symboles *(suite)*

Pointeur	Action
TAILLE	Agrandit ou diminue la sélection de la droite vers la gauche
TAILLE	Agrandit ou diminue la sélection du haut vers le bas
TAILLE	Agrandit ou diminue la sélection de la gauche vers la droite
DECOUPER	Rogne la sélection

Pour annuler la sélection d'un cadre, il suffit de cliquer en dehors de celui-ci.

Pour supprimer un cadre dans lequel rien n'est inséré, cliquez dans le cadre pour le sélectionner, puis tapez sur la touche **Suppr**.

Pour supprimer un cadre qui contient déjà un élément (texte, image, etc.), cliquez dans le cadre pour le sélectionner, puis cliquez sur **Edition**, **Supprimer l'objet**.

Pour redimensionner le cadre, cliquez dessus. Cliquez sur l'une des poignées, au milieu, puis faites glisser de façon que le cadre atteigne la taille voulue.

*Pour redimensionner un cadre tout en conservant ses proportions originales, tapez sur la touche **Maj** et laissez-la enfoncée pendant que vous faites glisser l'une des poignées d'angle du cadre. Relâchez la touche Maj une fois que vous avez terminé de redimensionner le cadre.*

Avant de déplacer un cadre, vous devez le sélectionner. Pointez ensuite l'un des bords du cadre (sans toutefois positionner le pointeur sur une poignée de sélection). Le pointeur se transforme en croix et affiche le pointeur symbole du petit camion, accompagné du texte Déplacer. Cliquez, puis faites glisser à l'endroit où vous souhaitez placer le cadre de texte.

Liaison de cadres

Il nous arrive à tous de mal évaluer la globalité d'un texte : le texte qui doit apparaître dans le cadre est trop important pour celui-ci. Vous pouvez agrandir le cadre afin que la totalité du texte soit visible, ou créer un deuxième cadre et lier ces cadres ; de cette façon le texte "en trop" se déversera automatiquement dans le cadre lié.

Pour lier des cadres :

1. Lorsque le texte d'un premier cadre est trop long, un symbole apparaît (voir Figure 11.8). Sélectionnez le cadre trop petit et cliquez sur **Outils**, **Lier les cadres de texte**.
2. Cliquez sur le bouton **Lier les cadres de texte** dans la barre d'outils Standard.

   Le pointeur symbole se transforme en vase verseur.
3. Cliquez dans le second cadre (voir Figure 11.9). Le texte en trop apparaît dans ce cadre.

Voici un cadre dont
le texte est beau-
A •••

Figure 11.8 : Le texte déborde du cadre.

Pour désolidariser deux cadres liés, cliquez sur le premier cadre de la liaison, puis sur l'icône ***Dissocier les cadres de texte*** *dans la barre d'outils Standard.*

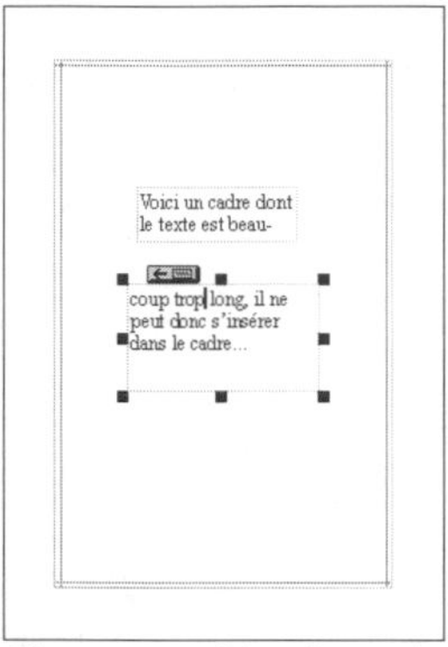

Figure 11.9 : Lier des cadres permet de faire circuler le texte d'un cadre à un autre.

SAISIE DU TEXTE

Pour saisir le texte, vous devez au préalable sélectionner le cadre qui va le contenir. La sélection active un curseur clignotant qui représente le point d'insertion du texte. Tapez ensuite votre texte.

Toutes les notions de modifications, de déplacements et de copie de texte sont identiques à celles de Word. Reportez-vous à la seconde partie de cet ouvrage pour en prendre connaissance.

Importer du texte

Vous pouvez parfaitement insérer dans un cadre un texte déjà enregistré dans une autre application. Publisher permet d'importer de nombreux types de fichiers texte tels que ceux de Microsoft Word pour Windows (2.1, 6.0, 7.0 et 8.0), texte seul, format RTF, etc.

Pour importer du texte dans la composition :

1. Créez le cadre de texte, puis cliquez sur **Insertion**, **Fichier texte**.
2. Sélectionnez le type de texte à insérer dans la zone Type, puis affichez le dossier contenant le fichier voulu. Double-cliquez sur le fichier à insérer.

Mise en forme du texte

La mise en forme des caractères peut être faite indifféremment avant ou après la frappe :

- **Avant la frappe.** Activez les attributs, styles et options désirés, puis saisissez votre texte.
- **Après la frappe.** Sélectionnez le texte à mettre en forme, puis choisissez les attributs, styles et options à activer.

Outils pour la mise en forme

Publisher propose plusieurs outils pour la mise en forme des caractères : la barre d'outils Mise en forme et la commande Format, Police. Ces outils étant identiques aux options de mise en forme déjà étudiées dans la partie concernant Word, reportez-vous-y. Vous trouverez ci-dessous les mises en forme spécifiques à Publisher.

Le crénage correspond à l'espacement entre les caractères d'un même mot. Ce mot désignait autrefois la façon de marquer d'une entaille la tige métallique d'un caractère.

Pour modifier le crénage d'un mot ou d'un texte :

1. Cliquez sur **Format**, **Espacement des caractères** (voir Figure 11.10).
2. La zone Interlettrage permet de choisir l'espacement pour les sélections importantes de texte. La zone Crénage permet de choisir un type de crénage (développé, condensé ou normal). Définissez les mises en forme à activer. Cliquez sur **OK**.

Il est souvent intéressant de créer un effet visuel en faisant pivoter le texte. Après sélection du texte, utilisez l'icône **Rotation gauche** pour un retournement de 45° vers la gauche, l'icône **Rotation droite** pour un retournement de 45° vers la droite.

Pour effectuer une rotation précise :

1. Sélectionnez le texte, puis cliquez sur l'icône **Rotation personnalisée** dans la barre d'outils Standard.
2. Cliquez sur le bouton proposant l'orientation à activer (gauche ou droite), ce qui permet de faire pivoter de 5 ° à chaque clic, ou bien saisissez la valeur de rotation désirée dans la zone **Angle**. Cliquez sur **Appliquer**, puis sur **Fermer**.

Figure 11.10 : Définissez le crénage et l'espacement des caractères.

ARRIÈRE-PLAN DE FEUILLE

Figure 11.11 : Faites pivoter votre texte.

Pour comprendre la notion d'arrière-plan, imaginez que votre composition possède sur chaque feuille de dessin deux épaisseurs : la première — le premier plan — contient les éléments propres à la feuille (cadres de texte, cadres d'image, objets, etc.) ; la seconde — l'arrière-plan — contient tous les éléments propres à l'ensemble de la composition (numéro de page, en-tête, pied de page, couleur de remplissage, etc.).

Pour afficher l'arrière-plan d'une feuille, cliquez sur **Affichage**, **Passer en arrière-plan** : la feuille de dessin qui affichait l'ensemble de vos créations devient blanche, la barre d'état s'est transformée et le navigateur de pages a disparu.

L'arrière-plan permet de placer :

- un filet, un cadre ou un trait ;
- un nom, une référence ou un logo ;
- un dessin en filigrane ;
- une pagination ;
- un en-tête et un pied de page ;
- une date.

N'oubliez pas que toutes les insertions réalisées dans l'arrière-plan, de quelque nature que ce soit, vont s'afficher dans toutes les feuilles de la composition active. Cependant, vous pouvez parfaitement décider que l'une des feuilles de votre composition n'affiche pas les éléments de l'arrière-plan.

Pour ne pas afficher l'arrière-plan défini dans l'une des pages de la composition, cliquez sur ***Affichage*****,** ***Ignorer l'arrière-plan*** *dans la feuille de dessin concernée.*

La première des possibilités que permet l'arrière-plan est de créer une couleur de fond pour les feuilles de dessin de votre composition.

Pour afficher un arrière-plan en couleurs :

1. Cliquez sur **Outil Cadre de texte** dans la barre d'outils Objet. Dessinez un cadre tout autour de la feuille de dessin.
2. L'arrière-plan étant sélectionné, cliquez sur l'icône **Couleur de remplissage** dans la barre d'outils Mise en forme. Sélectionnez la couleur désirée.

Pagination, en-tête, pied de page et date

Si vous créez une composition qui ne comporte qu'une seule feuille de dessin, la pagination ne vous concerne pas. Cependant, les compositions contenant la plupart du temps plusieurs feuilles

de dessin, il est nécessaire de savoir les paginer. Afin d'insérer un numéro de page, vous devez créer un cadre de texte dans l'arrière-plan.

Pour créer un cadre de texte dans l'arrière-plan, et après avoir activé celui-ci, cliquez sur **Outil Cadre de texte**, puis insérez ce cadre dans l'arrière-plan. La plupart du temps, la pagination est placée dans la partie inférieure de l'arrière-plan, indifféremment à droite, à gauche ou au milieu.

Lorsque vous insérez des éléments dans l'arrière-plan, pensez à colorier le remplissage si votre fond de page est en couleurs sinon le cadre inséré apparaîtra en blanc et déparera votre composition.

Pour paginer un document, cliquez dans le cadre de texte qui doit contenir la numérotation de feuilles, puis sur **Insertion**, **Numéros de page**. Cette commande n'insérant que le numéro, vous pouvez au préalable saisir *Page* (voir Figure 11.12).

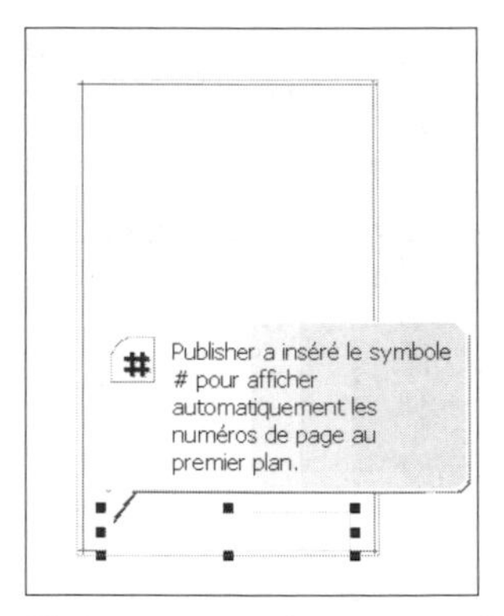
#
Publisher a inséré le symbole # pour afficher automatiquement les numéros de page au premier plan.

Figure 11.12 : Insérez un numéro de page dans la composition.

*Pour supprimer une pagination dans l'arrière-plan, cliquez sur le cadre pour le sélectionner, puis tapez sur la touche **Suppr**.*

L'insertion d'en-tête et de pied de page dans l'arrière-plan est extrêmement facile. C'est aussi simple que d'insérer un cadre de texte dans une feuille de dessin.

Pour créer un en-tête dans un arrière-plan :

Pour créer un pied de page, reprenez les procédures de création d'un en-tête. La différence est que vous placez le cadre de texte dans la partie inférieure de l'arrière-plan.

1. Créez un cadre de texte dans la partie supérieure de l'arrière-plan.
2. Saisissez votre texte.
3. Réalisez les différentes mises en forme (couleur, taille, police, etc.).

Pour supprimer un en-tête dans l'arrière-plan, cliquez sur le cadre pour le sélectionner, puis tapez sur la touche ***Suppr****. Exécutez les mêmes procédures pour supprimer un pied de page.*

Il est souvent intéressant de pouvoir insérer une date dans une composition. Vous saurez ainsi rapidement de quand elle date et quelles sont les modifications à effectuer en fonction du temps passé ou des dernières nouveautés de votre entreprise.

Pour insérer une date dans un arrière-plan :

1. Créez un cadre de texte dans la partie inférieure ou supérieure de l'arrière-plan.
2. Cliquez sur **Insertion**, **Date et heure**.
3. Sélectionnez le format dans la liste.
4. Cliquez sur **OK**.

   La date système s'insère dans votre composition.

Pour supprimer une date dans l'arrière-plan, cliquez sur le cadre pour le sélectionner, puis appuyez sur la touche ***Suppr****.*

Heure 12

Fonctions avancées de Publisher

Au sommaire de cette heure

- Tableau
- Texte en colonnes
- Publipostage
- Images
- Image et texte
- Dessin
- Mise en forme des objets
- Gestion des formes et des cadres

Au cours de cette heure, vous allez étudier les fonctions avancées de Publisher telles que l'insertion de tableaux, la création de texte en colonnes, le publipostage, etc.

TABLEAU

Un tableau permet d'organiser des données dans une structure définie. Les informations prennent tout leur sens quand elles sont bien ordonnées. Dans Publisher, l'utilisation de tableaux permet d'avoir un meilleur contrôle du placement des éléments sur la page. L'élément de construction de base du tableau est la *cellule*. Une cellule est une unité de la grille qui peut contenir toutes sortes de données : texte, image, etc.

Le tableau possède un certain nombre de propriétés que l'on peut définir, comme le nombre de lignes, de colonnes, l'épaisseur et la couleur des bordures, la couleur ou la texture de fond, etc.

Création d'un tableau

Publisher permet de créer un tableau sans aucune mise en forme prédéfinie.

Pour créer un tableau sans mise en forme prédéfinie :

1. Cliquez sur l'icône **Outil Cadre de tableau** dans la barre d'outils Objets. Cliquez dans la feuille de dessin, puis faites glisser de façon à dessiner un tableau.

   La boîte de dialogue Créer un tableau s'affiche (voir Figure 12.1).

2. Définissez les options (nombre de lignes, nombre de colonnes, etc.), puis cliquez sur **OK**.

Le choix Par défaut proposé dans la liste Format du tableau correspond à une mise en forme prédéfinie et non à un tableau vierge.

*Pour supprimer un tableau : après l'avoir sélectionné, cliquez sur **Edition, Supprimer l'objet**.*

Pour saisir du texte dans un tableau ou naviguer dans celui-ci, référez-vous aux procédures indiquées dans Word, dans la deuxième partie de cet ouvrage.

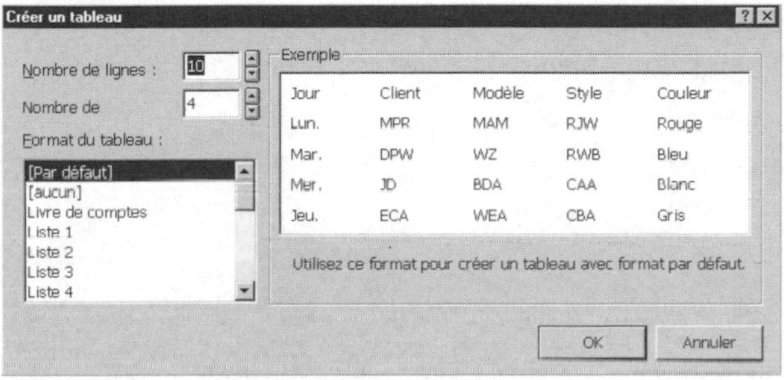

Figure 12.1 : La boîte Créer un tableau s'affiche : vous devez choisir le nombre de colonnes et de lignes.

Texte en colonnes

Bien sûr, vous pouvez parfaitement créer des cadres de texte contenant du texte et les placer en colonnes à l'aide des tabulations. Cependant, cette façon de procéder est quelque peu risquée, car dès que vous devrez de nouveau insérer du texte ou tout simplement le modifier, les tabulations bougeront et... ce sera la catastrophe ! La façon la plus simple et la plus rapide consiste à créer des colonnes.

Pour créer des colonnes, et ce après avoir créé votre cadre de texte, cliquez sur **Format**, **Propriétés du cadre de texte** (voir Figure 12.2). Dans la zone **Colonnes**, définissez le nombre de colonnes et la largeur de l'espacement entre chaque colonne. Cliquez sur **OK**.

Pour changer de colonne, utilisez la touche **Tab**.

Publipostage

Lorsque vous réalisez un publipostage, vous devez créer deux types de documents :

- **Document principal.** Cadre généraliste contenant le texte ou la composition personnalisée. Ce texte est commun à tous les

Figure 12.2 : Définissez le nombre de colonnes.

destinataires, mais réserve de la place pour les formules personnalisées comme l'adresse, le nom, etc.

- **Base de données.** Contient toutes les données personnelles de vos destinataires. Ce document est appelé aussi *source de données.* Il est assimilable à un tableau.

Une fois ces deux éléments créés, vous pourrez lancer l'impression et la fusion de la composition. La fusion consiste à lier ces documents en insérant les champs de la base de données dans le document principal, et ce pour chaque destinataire. Les différentes procédures à réaliser sont les mêmes que celles de Word. Reportez-vous à la seconde partie de cet ouvrage pour en prendre connaissance.

IMAGES

Il existe de nombreuses méthodes pour insérer une image dans une composition (image vectorielle, image bmp, carte, graphique, etc.). Tout comme pour le texte, vous devez insérer au préalable un cadre d'image qui la contiendra. La notion de cadre d'image est la même que celle de cadre de texte : un cadre d'image est un petit logiciel à lui tout seul et il est totalement autonome.

ClipArt

La première des possibilités proposées par Publisher est l'insertion d'une image à partir du ClipArt, la bibliothèque d'images mise à votre disposition. Cette bibliothèque s'est enrichie, dans la version 2000, de centaines d'images supplémentaires. Selon le même principe qu'une bibliothèque littéraire, les images sont rangées par catégories. Il suffit de choisir l'image pour qu'elle s'insère dans la composition.

Situé dans la barre d'outils Objet, il permet d'insérer une image du ClipArt. Reprenez les procédures classiques d'insertion de cadre, sélectionnez l'image, puis faites-la glisser dans le cadre.

Autres images

Publisher propose d'autres outils pour insérer des images.

Pour insérer une image que vous avez sauvegardée dans l'un de vos fichiers :

1. Après avoir inséré un cadre d'image, cliquez sur **Insertion**, **Images**, **A partir du fichier**.
2. Dans la boîte de dialogue Insérer un fichier image, sélectionnez le dossier. Double-cliquez sur le fichier contenant l'image.

Sélection et suppression d'images

Pour sélectionner une image, il suffit de cliquer dessus.

Pour sélectionner plusieurs images, sélectionnez la première, tapez sur la touche **Ctrl**, puis cliquez sur la deuxième image en maintenant la touche enfoncée, et ainsi de suite. Cette commande permet ainsi de déplacer ou de copier aisément l'ensemble des images.

Pour supprimer une image, la procédure la plus simple consiste à la sélectionner, puis de taper sur la touche **Suppr**. Vous pouvez aussi cliquer du bouton droit dans l'image, puis sélectionner **Supprimer l'objet**.

Déplacement et copie d'images

Pour déplacer une image dans la même page, la procédure est la même que pour un cadre de texte :

1. Cliquez sur l'image pour la sélectionner.
2. Pointez le cadre de l'image.
3. Lorsque le pointeur se transforme en pointeur symbolisé avec un camion, faites glisser à l'endroit où vous voulez la pointer.

Si vous souhaitez déplacer une image dans une autre page de la composition, sélectionnez-la, puis faites-la glisser dans la partie grisée, en dehors de la feuille. Affichez la page dans laquelle vous souhaitez insérer l'image. L'image est toujours dans la partie grisée, vous n'avez plus qu'à la placer dans la nouvelle page.

Pour copier-coller une image :

1. Sélectionnez-la, puis cliquez sur **Edition**, **Copier**.
2. Placez-vous à l'endroit où vous souhaitez copier l'image.
3. Cliquez sur **Edition**, **Coller**.

Modification des images

Toutes les options de modification des images sont les mêmes que celles proposées dans PowerPoint. Référez-vous à la quatrième partie de cet ouvrage pour en prendre connaissance. Vous trouverez ci-dessous les procédures de modification spécifiques à Publisher.

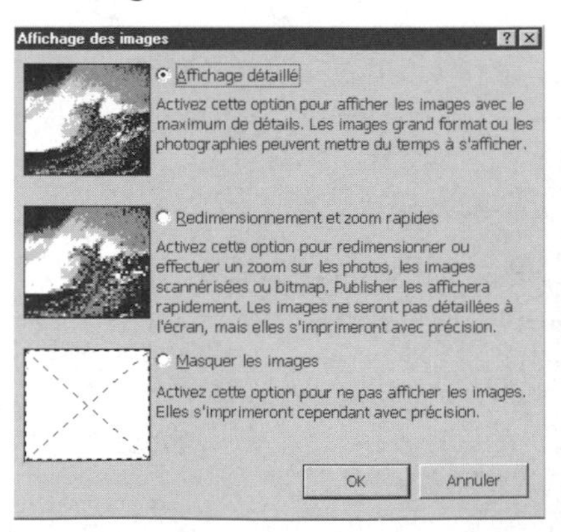

Figure 12.3 : Masquer les images.

Pour masquer les images, cliquez sur **Affichage**, **Affichage des images**. Activez l'option **Masquer les images**, puis cliquez sur **OK** (voir Figure 12.3).

Pour faire réapparaître les images :

1. Cliquez sur **Affichage**, **Affichage des images**.
2. Activez l'option correspondant à votre choix (**Affichage détaillé** ou **Redimensionnement et Zoom rapides**). Cliquez sur **OK**.

L'image est un peu grande, mais vous ne voulez pas en modifier les proportions ? Rognez-en alors une partie :

1. Après avoir sélectionné l'image, cliquez sur l'icône **Rogner l'image** (voir Figure 12.4).
2. Ajustez les différentes poignées de sélection jusqu'à ce que l'image ne fasse apparaître que les éléments dont vous avez besoin.

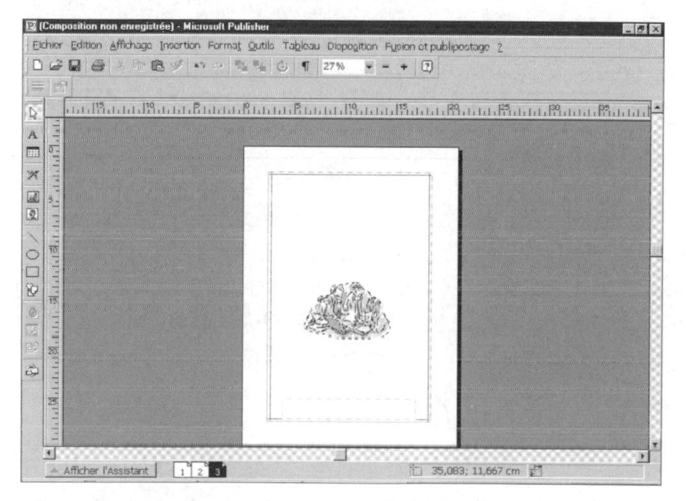

Figure 12.4 : Rognez une image pour l'afficher à votre convenance.

Pour afficher l'image en très gros, cliquez dessus, puis cliquez du bouton droit et sélectionnez ***Adapter à la sélection****.*

Vous pouvez tout à fait recolorier une image selon vos préférences en matière de couleurs :

Figure 12.5 : Recoloriez l'image.

1. Après avoir sélectionné l'image, cliquez sur **Format**, **Recolorier l'image** (voir Figure 12.5).
2. Sélectionnez la couleur désirée en regard de celle que vous souhaitez modifier.
3. Cliquez sur **Appliquer** et **Fermer**.

IMAGE ET TEXTE

Lorsque vous créez une composition, vous pouvez ajouter à celle-ci un effet visuel amusant en insérant l'image dans le texte. Selon le type d'habillage choisi, le texte s'organisera autour de l'image ou bien c'est l'image que vous devrez adapter.

Pour gérer le texte et l'image, cliquez sur le bouton **Propriétés du cadre d'image** dans la barre d'outils Image (voir Figure 12.6). Définissez vos choix, puis cliquez sur **OK**.

BIBLIOTHÈQUE DE PRÉSENTATION

La bibliothèque de présentation contient un certain nombre d'objets créés par Publisher que vous pouvez utiliser pour votre composition. Pour ouvrir la bibliothèque de présentation, cliquez sur l'icône **Bibliothèque de présentation** dans la barre Objets (voir Figure 12.7).

Trois onglets sont proposés :

- **Les onglets Objets par catégorie et Objets par style.** Affichent un certain nombre d'objets qu'il suffit de double-cliquer pour

Figure 12.6 : L'image peut être modifiée en fonction du texte.

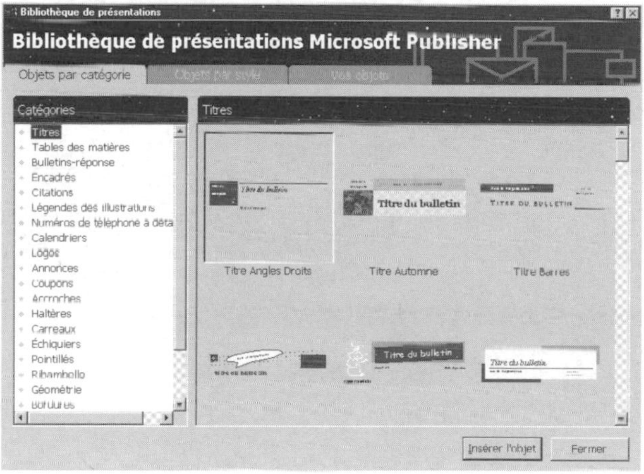

Figure 12.7 : La bibliothèque de présentation.

les insérer dans la composition. Le volet gauche présente une liste d'objets classés par type, le volet droit visualise les objets du type sélectionné.

- **L'onglet Vos objets.** Permet de conserver les éléments de présentations pour créer un ensemble de présentations destinées à la composition en cours. Ainsi, lorsque vous ajoutez des objets, ils s'affichent dans cet onglet et sont alors disponibles pour une autre composition.

Dessin

Publisher permet de dessiner dans les feuilles de dessin. En effet, il met à votre disposition un certain nombre de formes de base que vous pouvez insérer dans la feuille, puis modifier à votre convenance.

Si vous êtes un as du dessin, vous pouvez aussi dessiner directement dans la feuille de dessin.

Insertion de dessin dans la feuille

Publisher permet de dessiner directement dans la feuille de dessin. Si vous êtes à même de créer ce genre de dessin, vous devez au préalable choisir l'un des logiciels de dessin installés sur votre PC.

Pour dessiner à partir d'un logiciel de dessin :

1. Dans la feuille de dessin concernée, cliquez sur **Insertion**, **Objet**.

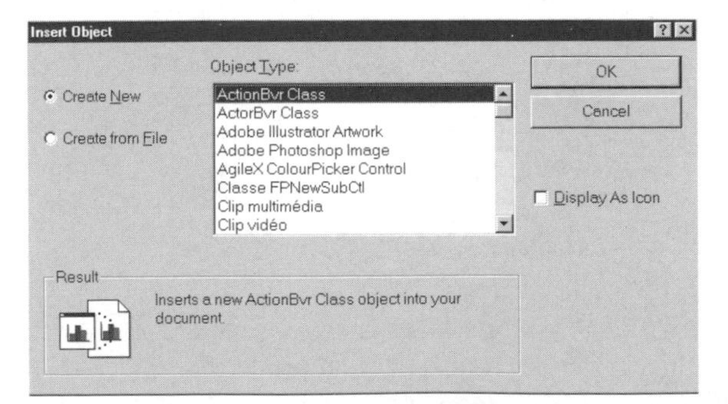

Figure 12.8 : Choisissez l'un des logiciels de dessin installés sur votre PC.

Dans la boîte de dialogue Insérer un objet, l'option ***Créer à partir du fichier*** *permet de rechercher sur votre PC le fichier qui doit servir de référence à la création de votre dessin.*

2. Au besoin, cliquez sur l'option **Créer nouveau** pour l'activer. Dans la liste déroulante, sélectionnez le logiciel pour réaliser votre dessin. Cliquez sur **OK** pour valider.

   Les différents outils du logiciel sélectionné s'affichent dans la composition active de même qu'un cadre dans lequel vous allez créer votre dessin.
3. Redimensionnez le cadre de dessin à votre convenance.
4. Créez votre dessin. Lorsque vous avez terminé, cliquez en dehors du cadre de dessin pour revenir dans la composition.

Pour revenir dans le dessin que vous avez créé, il suffit de double-cliquer sur le cadre qui le contient.

Insertion de formes de base

Vous venez de le voir, créer un dessin à partir d'une application de dessin est davantage réservé aux virtuoses du clic. Conscients de ce problème, les concepteurs de Publisher ont créé un certain nombre de formes de base que vous allez pouvoir insérer et mettre en forme.

Les formes de bases proposées dans la barre d'outils Objets sont les suivantes :

- **Outil Ligne.** Permet de tracer des traits.
- **Outil Ovale.** Permet d'insérer des cercles ou des ellipses.
- **Outil Rectangle.** Permet d'insérer des carrés ou des rectangles.

*Lorsque vous venez de dessiner à l'aide d'un outil quelconque, pensez à cliquer sur **Outil Sélecteur** pour désélectionner l'outil une fois votre dessin terminé.*

Pour insérer un dessin, il suffit de cliquer sur l'outil concerné, puis dans la feuille et de faire glisser jusqu'à obtenir la taille voulue.

*Pour dessiner un carré, au moment où vous cliquez sur **Outil Rectangle**, tapez sur la touche **Maj**, puis maintenez-la enfoncée durant tout le temps où vous dessinez le carré.*

Insertion de formes personnalisées

En plus des formes de base classiques, Publisher met à votre disposition un certain nombres de formes personnalisées allant de l'étoile au soleil en passant par des flèches, des polygones et des croissants de lune. Ces formes égaieront votre composition en y apportant une touche d'originalité. Tout comme les formes de base, vous pouvez aisément mettre en forme ces différents éléments.

Vous pouvez sélectionner une forme à partir de l'outil Formes personnalisées de la barre d'outils Objets.

Pour insérer une forme personnalisée :

1. Cliquez sur l'outil **Formes personnalisées** dans la barre d'outils Objets.
2. Dans le menu qui s'affiche, cliquez sur la forme désirée (voir Figure 12.9). Cliquez dans la feuille de dessin puis, tout en maintenant le bouton enfoncé, faites glisser de façon à dessiner la forme désirée.

Figure 12.9 : Sélectionnez la forme personnalisée à insérer dans le menu qui s'affiche.

Suppression de formes

Pour supprimer une forme, cliquez dessus pour la sélectionner, puis pressez la touche **Suppr**.

Mise en forme des objets

Maintenant que vous savez comment insérer des lignes, des carrés, des ellipses, etc., voyons quelles sont les différentes possibilités de mise en forme proposées par Publisher. Au préalable, il nous paraît necessaire de rappeler quelques notions sur le déplacement et le redimensionnement des objets.

Sélection, redimensionnement et déplacement d'objets simples

Toutes les formes de base ou personnalisées, les lignes, etc., que vous insérez dans votre composition sont considérées par Publisher comme des objets. A ce titre, vous pouvez les déplacer, les modifier ou les supprimer.

La sélection d'un objet est identique à la sélection de cadre. Cliquez sur l'objet concerné : plusieurs poignées apparaissent, à partir desquelles vous pouvez redimensionner et déplacer votre objet. Le nombre de poignées est fonction de l'objet sélectionné : une ligne possède deux poignées, un cercle en a six.

Pour déplacer rapidement un objet, et ce après l'avoir sélectionné, pointez l'objet, puis cliquez lorsque le pointeur symbole Déplacer accompagné d'un petit camion apparaît. Déplacez-le à l'endroit de votre choix, puis lâchez le bouton de la souris.

Pour déplacer avec précision un objet, sélectionnez-le, puis cliquez sur **Format**, **Taille et position**. Dans la zone Position de la boîte de dialogue qui s'affiche, définissez l'emplacement exact de votre objet, puis cliquez sur **OK** (voir Figure 12.10).

Pour redimensionner rapidement un objet, sélectionnez-le, pointez l'une des poignées, puis cliquez lorsque le pointeur symbole Taille accompagné d'une flèche visualisant le sens du glisser apparaît. Faites glisser jusqu'à obtenir la taille désirée, puis lâchez le bouton de la souris.

Pour redimensionner précisément un objet, sélectionnez-le, puis cliquez sur **Format**, **Taille et position**. Dans la zone Taille de la boîte de dialogue qui s'affiche, définissez la taille exacte de votre objet, puis cliquez sur **OK** pour valider.

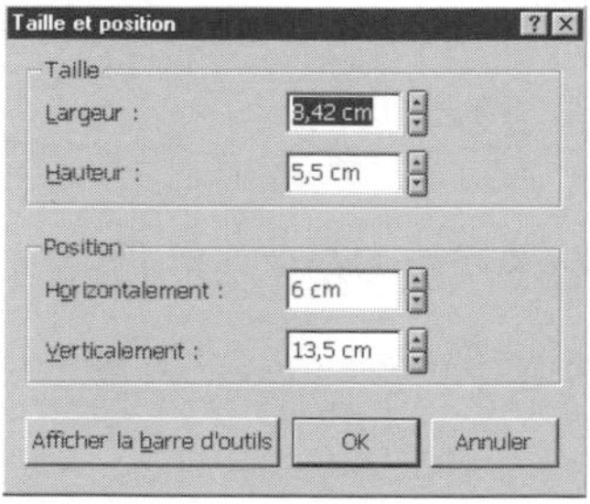

Figure 12.10 : La boîte de dialogue Taille et position permet de redimensionner et de déplacer précisément votre objet.

Mise en forme des lignes

Publisher propose plusieurs options de mise en forme pour les lignes que vous insérez dans votre composition.

Pour modifier l'épaisseur d'une ligne, sélectionnez-la, puis cliquez sur l'icône **Style de ligne/bordure**. Dans le menu qui s'affiche, sélectionnez l'épaisseur désirée. Le choix **Autres styles** permet de sélectionner ou de définir une taille précise, le bout de votre ligne, etc. (voir Figure 12.11).

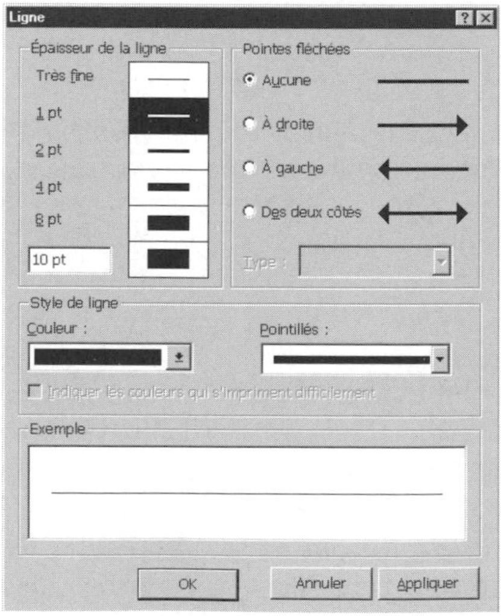

Figure 12.11 : La boîte de dialogue Ligne propose plusieurs options de mise en forme.

Pour modifier l'extrémité de votre ligne, sélectionnez-la, puis cliquez sur l'une des icônes de flèches proposées dans la barre d'outils Mise en forme.

La boîte de dialogue Ligne permet de choisir d'autres options d'extrémité de lignes qui ne sont pas proposées dans la barre d'outils Mise en forme.

Mise en forme des formes de base et des formes personnalisées

Publisher permet de modifier la couleur, la surface ou encore l'épaisseur des formes de base et des formes personnalisées.

Pour modifier le contour d'un objet, sélectionnez-le, puis cliquez sur l'icône **Styles de ligne/bordure** dans la barre d'outils Mise en forme. Reprenez les procédures concernant la modification des bordures de cadres de texte ou d'image.

Pour modifier la surface d'un objet, sélectionnez-le, puis cliquez sur l'icône **Couleur de remplissage** dans la barre d'outils Mise en forme. Reprenez les procédures concernant la modification de la couleur des cadres de texte ou d'image.

Retournement et pivotement d'objets

Publisher permet de renverser des formes et/ou de les faire pivoter.

Pour retourner un objet, sélectionnez-le, puis cliquez sur l'icône **Retourner verticalement** ou sur l'icône **Retourner horizontalement** dans la barre d'outils Mise en forme.

Pour faire pivoter un objet, sélectionnez-le, puis cliquez sur l'icône **Rotation droite** ou sur l'icône **Rotation gauche** dans la barre d'outils Mise en forme.

Gestion des formes et des cadres

Publisher propose de multiples possibilités pour gérer les différents objets de votre page, que ce soit les formes ou les cadres d'image ou de texte.

Superposition de cadres

Lorsque vous créez une composition, certains cadres doivent être superposés. Vous pouvez très bien déplacer les cadres afin de les

superposer, mais comment faire apparaître le cadre du dessous au premier plan ?

Pour spécifier le placement d'un cadre, sélectionnez celui que vous voulez modifier. Cliquez ensuite sur l'icône **Premier plan** ou sur l'icône **Arrière-plan** dans la barre d'outils Standard.

Superposition de plusieurs objets ou plusieurs cadres

Si modifier le placement de deux cadres ou objets est relativement simple et rapide, la situation devient plus complexe lorsque vous avez inséré plus de deux objets ou cadres et qu'ils sont empilés les uns sur les autres. Heureusement, Publisher a pensé à tout.

Pour modifier le placement d'un cadre ou d'un objet dans une pile, sélectionnez l'un des objets du dessus, ou tout au moins l'un des cadres ou objets que vous pouvez atteindre. Cliquez sur **Disposition** et effectuez votre choix :

- **Premier plan.** Permet de placer en premier l'objet ou le cadre sélectionné.
- **Arrière-plan.** Permet de placer en dernier l'objet ou le cadre sélectionné.
- **Reculer.** Permet de déplacer d'un étage au-dessous l'objet ou le cadre sélectionné.
- **Avancer.** Permet de déplacer d'un étage au-dessus l'objet ou le cadre sélectionné.

Alignement des objets

Vous l'avez expérimenté : la création d'une composition est assez simple. En effet, tracer des lignes, créer des cadres ou encore insérer des images sont des manipulations extrêmement rapides. Cependant, lorsque vos créations sont réalisées, la phase de finition est un peu plus ardue : il faut placer correctement les éléments, bien définir l'alignement de ceux-ci, etc. Publisher offre là aussi des possibilités intéressantes.

Occupons-nous tout d'abord des repères. Ce sont des lignes horizontales ou verticales que vous placez dans la composition et sur lesquelles vous placez vos éléments pour mieux gérer leur position.

Pour afficher les repères, cliquez sur **Affichage**, **Afficher les limites et les repères.**

Pour choisir le type de repère :

1. Cliquez sur **Disposition**, **Repères de règle**.
2. Dans le menu en cascade, sélectionnez **Ajouter un repère horizontal** et/ou **Ajouter un repère vertical**.
3. Cliquez sur le repère qui apparaît pour le placer à l'endroit de votre choix.

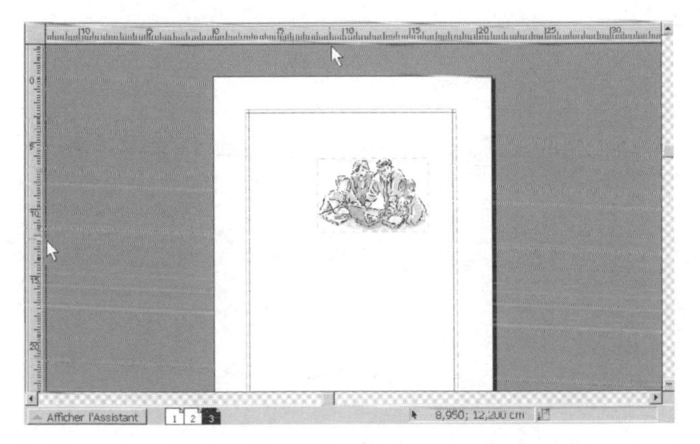

Figure 12.12 : Affichez les repères pour vous aider à placer les objets.

*Pour supprimer un repère, cliquez sur **Disposition**, **Repères de règle**. Dans le menu en cascade, sélectionnez **Supprimer tous les repères de règle**.*

Vous pouvez aligner les objets sur les repères. Après avoir sélectionné vos cadres ou objets, cliquez sur **Outils**, **Aligner sur les repères de règle**.

Index

FONCTIONS COMMUNES

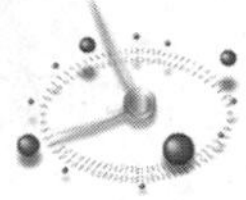

P

Q

R

S

T

V

W

EXCEL

A

B

C

D

E

F

G

I

L

M

N

O

OUTLOOK

D

E

G

I

J

L

M

N

O

POWERPOINT

Publishers

I

L

M

N

O

P

R

WORD

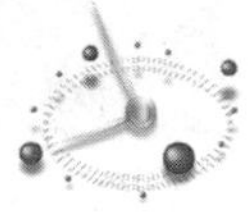

N

O

P

R

S

T

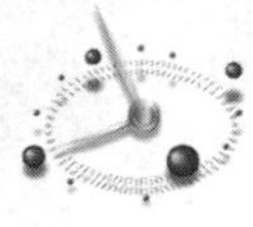

W

Achevé d'imprimer le 26 mai 1999
sur les presses de l'imprimerie «La Source d'Or»
63200 Marsat
Dépôt légal : 2ème trimestre 1999
Imprimeur n° 8033